# Contrapontos do Parapsiquismo

Cirleine Couto

# Contrapontos do Parapsiquismo

*Superação do Assédio Interconsciencial Rumo à Desassedialidade Permanente Total*

Prefácio de Waldo Vieira

EDITARES

Foz do Iguaçu, PR - BR

2010

1ª Edição – Tiragem 1.500 exemplares.



Os originais desta edição foram produzidos e revisados através de editoração eletrônica e de impressão a laser (texto em *AGaramond*, tamanho 11, 296.134 caracteres, 46.014 palavras e 3.311 parágrafos).

Capa: Valesca Ferreira e Flavia Vianna

Editoração: Epígrafe Editorial e Gráfica Ltda.

Revisão: Helena Araújo e Erotides Louly

Impressão: Edelbra Editora e Gráfica Ltda.

*Dados Internacionais de Catalogação na Publicação (CIP)*

C578c Couto, Cirleine,1978 -
Contrapontos do parapsiquismo: superação do assédio interconsciencial rumo à desassedialidade permanente total / Cirleine Couto. - Foz do Iguaçu: Associação Internacional Editares, 2010.

208 p.

ISBN 978-85-98966-36-6

1. Animismo-parapsiquismo. 2. Despertícidade. 3. Assédios interconscienciais. 4. Conscienciologia. I. Título.

CDU: 133.2 CDD: 130

Ricardo Dutra – CRB 9/1288
Bibliotecário



EDITARES

**Associação Internacional Editares**
Av. Felipe Wandscheer, 5.100, sala 107, Cognópolis
Foz do Iguaçu, PR - Brasil • CEP: 85856-530
Tel/Fax: 45 2102 1407
E-mail: editares@editares.org – Website: www.editares.org

## *Dedicatória*

*Este livro é dedicado às consciências participantes atuais ou que já participaram de Cursos Intermissivos.*

# AGRADECIMENTOS

À *Norma Costa Couto* e *Denílio Cerqueira Couto*, meus pais, pela inavaliável oportunidade de recomeço na vida humana e pelo apoio sempre ofertado nas iniciativas de crescimento pessoal.

À *Cíntia, Luís Antônio, Gabriel* e *Ananda Andrade*, pela acolhida sempre amorosa e risonha, sem economias de esforços para fazer dos nossos encontros momentos felizes e inesquecíveis.

À família consciencial baiana, *Hilton Santos, Antônio Palma, Suzane Morais* e *Samuel Ribeiro*, amigos raríssimos, pela preciosa intimidade fraterna e incentivo constante desde que tinha 14 anos de idade, a despeito dos percalços.

À *Simone de La Tour*, pela identificação do potencial pessoal no meio do curso de Projeciologia (1994) e imediato convite, ali mesmo, sem delongas ou formalidades, ao voluntariado conscienciológico, fator importantíssimo para o processo de autodesassédio.

À *Rosângela Ferreira*, pela assistência pontual, de ampla magnitude, no momento mais que oportuno.

À equipe da *Editares*, incluindo os revisores, e, em especial, a *Maximiliano Haymann, Valesca Ferreira e Flavia Vianna*, pelo acolhimento, profissionalismo e empenho na edição desta obra.

À *Amaury Pontieri* e *Antônio Pitaguari* pelas primeiras revisões, críticas e sugestões cruciais.

À *Eliana Esquiante, Rodolfo Krautheim, Paulo André Norberto, Aline Niemeyer* e *Ludimila Moreira* pela amizade e alegrias compartilhadas.

Ao querido companheiro *Frederico Ganem Filho*, pelo *amor à prova de assediadores* que iluminou meu caminho e minha vida.

Aos *Amparadores Extrafísicos*, pela assistência incondicional que tive e tenho a honra de usufruir e pela dedicação, paciência, amor e inteligência com que orientam meus passos.

E, por fim, ao *Prof. Waldo Vieira*, por ter me proporcionado, por incontáveis razões, ser a consciência lúcida de hoje e também pelo singular *presente de aniversário*.

Muito obrigada!

A Autora

"A auto-evolução, no cadinho do progresso, não nos faculta o esquecimento de resíduos para trás.

Ninguém se permite ascender às dimensões mais avançadas portando lapsos de amnésias no fundo da consciência.

Evoluímos juntos, levitamos mãos nas mãos, volitamos para o infinito em revoadas."

**(Trecho da mensagem de *Eurípedes Barsanulfo* destinada a Waldo Vieira transcrita em:** Vieira, W.; *Projeções da Consciência;* **IIPC; 5ª. Ed.; Rio de Janeiro, RJ; 1999; página 132)**

# SUMÁRIO

# PREFÁCIO

## Pré-desperticidade Teática

**Vivenciologia.** A jovem, inversora, médica, Cirleine Couto apresenta, aqui, as primeiras impressões digitais intelectuais, a obra de estreia *Contrapontos do Parapsiquismo,* com argumentações, técnicas e estilística paradoxalmente já de autora experimentada e vivida nos campos tortuosos do parapsiquismo, compondo com brilhantismo a fase da pré-desperticidade teática.

**Comunicologia.** A expositora demonstra as apoteoses das ideias da paraperceptibilidade de modo claro, traduzindo, em linguagem acessível, os temas mais intrincados e enumerando pacientemente as constelações de conceitos mais pertinentes e atuais.

**Argumentologia.** As argumentações fluem de modo prático, objetivo e expressiva obviedade em todo o contexto do trabalho esmeradamente técnico e esclarecedor.

**Reciclologia.** Emprega as melhores palavras sobre os assuntos mais prioritários e sofisticados da multidimensionalidade da consciência, com estilo preciso, coerente e escorreito, apostilhando e pontuando o labirinto das transformações das sensações protorreptilianas somáticas, e das emoções patológicas psicossômicas, nos sentimentos elevados do autodiscernimento do mentalsoma.

**Experimentologia.** Expõe, em nível nu e cru, as experimentações árduas dos assédios interconscienciais pelos quais passou, mantendo, o tempo todo, o ponteiro consciencial como centro de gravidade do descortino no âmago do ego.

**Desafiologia.** Explicita, em detalhes, as condições sadias e doentias, nas exposições dos próprios posicionamentos, indicando as melhores saídas, soluções e terapias para os problemas, enigmas, impasses e obscuridades da área mais complexa dentre todas as inumeráveis cognições evolutivas e desafiadoras da Humanidade.

**Contrapontologia.** Exalta racionalmente a contínua remodelagem da consciência, por meio de recéxis consecutivas, evidenciadas em contrapontos lógicos, com indiscutível requintamento, inclusive da Terminologia, abordando pesquisas, ao mesmo tempo, consciencioterapêuticas, psicológicas e psiquiátricas.

**Conscienciocentrologia.** Descreve, com minúcias surpreendentes, as realidades do *Centro de Altos Estudos da Conscienciologia,* o *CEAEC,* a primeira *Instituição Conscienciocêntrica* instalada no *bairro Cognópolis,* em Foz do Iguaçu, como exemplo de local ou holopensene destinado ao abertismo consciencial, prioritário, interassistencial e interdimensional.

**Neoverponologia.** Não deixa clareiras inúteis na novel floresta das neoverpons, espremendo o suco mentalsomático dos neoconstructos até a última gota, não permitindo, desse modo, lacunas ou peças faltantes no gigantesco *neopuzzle* da Ciência Conscienciologia.

**Despertologia.** Sem dúvida, são as pessoas do nível desta integrante da nova geração, as mais predispostas a alcançar, exemplarmente, a desperticidade, em pouco tempo, nesta vida humana.

**Holotecologia.** Pelas considerações expostas, e múltiplas outras razões facilmente colhidas pela leitora ou leitor atento, recomendamos com satisfação esta obra a ser acatada, daqui por diante, para integrar a *Biblioteca da Conscienciologia,* como evidente marco didático, destinado às incontáveis conscins lúcidas com interesse no aperfeiçoamento do autoparapsiquismo, independentemente do sexo, idade ou formação cultural.

Waldo Vieira

*Holociclo,* Foz do Iguaçu, PR,
03 de agosto de 2009.

# INTRODUÇÃO

**Conscienciologia.** O livro *Contrapontos do Parapsiquismo* é fruto das pesquisas, debates, reflexões e vivências desta autora a partir da ***Conscienciologia,*** neociência proposta pelo médico e pesquisador independente Waldo Vieira, cujo objetivo, simplificadamente, é a investigação técnica, racional, universalista e abrangente da consciência.

**Consciência.** A acepção do termo *consciência* na Conscienciologia é ego, personalidade ou individualidade.

**Abrangência.** Na Conscienciologia, a consciência é estudada sem omissões pesquisísticas quanto às múltiplas vidas humanas já experienciadas, à coexistência de outros veículos de manifestação além tão somente do corpo físico, às variadas dimensões transitadas pelas consciências além da material e à Cosmoética, ou a Ética Cósmica, balizadora da evolução consciencial.

**Descrença.** A neociência é edificada a partir do Princípio da Descrença: *não acredite em nada. Experimente, tenha suas vivências pessoais.* Tal Princípio visa anular de imediato quaisquer iniciativas de dogmatização, mistificação ou alimentação de crenças e gurulatrias no processo de pesquisa das realidades conscienciais.

**Progressão.** A Conscienciologia progride a cada dia, a partir do aumento expressivo, qualificado, do arcabouço teórico-prático, das abordagens originais e do vocabulário técnico. Portanto, seria impraticável retomar e contemplar neste pequeno volume todas as ideias já debatidas exaustivamente e publicadas pelos conscienciólogos pesquisadores ao longo de vários anos.

**Justificativa.** Justifica-se assim o emprego livre e irrestrito de conceitos-chave e neologismos da Conscienciologia no presente trabalho sem adendos explanatórios sobre os princípios elementares da neociência.

**Introdutórios.** Às leitoras ou leitores não familiarizados com os temas abordados, interessados em haurir maior conhecimento na área, encontram-se disponíveis nas Instituições Conscienciocêntricas obras de diversos autores voltadas ao esclarecimento dos fundamentos da Conscienciologia. Ao final do livro, foram elencadas as referências das Instituições especializadas aptas a oferecer informações sobre obras, palestras gratuitas e cursos conscienciológicos introdutórios.

**Glossário.** Dúvidas quanto aos termos técnicos poderão ser esclarecidas mediante consultas ao Glossário aqui fornecido.

## I – Seções

**Seções.** Este livro é composto de 2 seções: *Contrapontologia* e *Despertologia*. Na primeira, a disposição dos contrapontos é evidenciada já nos títulos dos capítulos; na segunda, a *desassedialidade permanente total* (*desperticidade*) é o tema predominante, mas a técnica de avaliação dos fatos e parafatos através de contrapontos persiste, contudo de maneira implícita ao longo do texto.

**Contrapontologia.** A seção inicial é vigorosamente demarcada em contrapontos para melhor avaliação dos contrastes no trâmite dos tempos evolutivos, evitando ambiguidades na discriminação da imaturidade em relação à maturidade.

**Despertologia.** Já na seção Despertologia, há maior suavidade e fluidez na exposição das oposições, uma vez que o estudo preliminar dos estágios mais rudimentares do processo evolutivo já foi ultrapassado e a pesquisa das antipodias, no contexto do ser desperto, encerra-se nos detalhes sutis das manifestações conscienciais.

## II – Capítulos

**Cronologia.** Na seção Contrapontologia, os capítulos iniciais objetivam definição de temas e contextualização do universo de pesquisa da obra, e, a seguir, é deflagrada a avaliação sequencial dos contrapontos, obedecendo à cronologia usual de aparecimento das problemáticas e respectivas soluções.

**Sequência.** No aprofundamento dos assédios interconscienciais, a causa inicial é o emocionalismo; depois, surge o derivado direto, a satisfação malévola. A intrusão aprofunda-se na semipossessão maligna, evoluindo para a sedimentação da nosografia. Da mesma maneira, o crescendo das soluções contempla a ordem proposta: racionalidade é pré-requisito para a satisfação benévola, propiciando as semipossessões benignas inevitáveis à vivência da paraterapêutica.

**Qualificação.** Na seção Despertologia, a proposta configura-se na ordenação lógica ascendente das aquisições e qualificações evolutivas visando a desperticidade.

**Ascensão.** Seguindo a progressão dos capítulos da segunda seção, o cultivo da amizade é o primeiro passo para a evolução, pois é o princípio fundamental da megafraternidade, inclusive na dupla evolutiva. A partir daí, consegue-se estabelecer com maior facilidade a empatia técnica e a iscagem assistencial lúcida, experiências *sine qua non* aos paradiagnósticos. Com a assistencialidade parapsíquica em pleno vigor, o pesquisador ou pesquisadora naturalmente caminhará para a qualificação da rotina pessoal e ao burilamento das parapercepções através de novas experimentações.

**Continuidade.** A tenepes é o passo seguinte, capacitando a conscin para novas vivências parapsíquicas, inclusive as extrafísicas, levando às reflexões transcendentes descortinadoras da megafraternidade e da necessidade de recins ininterruptas. A teática do heteroperdão e da correção imediata dos próprios erros é o acume do processo, conduzindo a consciência à evolução, inevitavelmente.

## III – Metodologia

**Casuísticas.** Objetivando escapar à narrativa literária, mas conservando a descrição das vivências da autora, norteadoras das reflexões e argumentações aqui desenvolvidas, buscou-se entremear o texto técnico analítico com pontuações das casuísticas pessoais, tanto as doentias (nosográficas), quanto as hígidas (homeostáticas). Assim, espera-se o melhor aproveitamento das experiências, livre das limitações egoicas das especificidades do caso em estudo.

**Metodologia.** Quanto ao método de organização das informações, optou-se pelas listagens sistemáticas, tanto verticais quanto horizontais, utilizando-se termos-chave somente ou explicitações quando pertinentes, com a finalidade de tornar factível ao leitor ou leitora a visão de conjunto do tema abordado e facilitar a identificação de tópicos específicos dentro do texto.

**Listagem.** Além da clareza na forma de dispor o conteúdo, as listagens permitem a organização do pensamento, a expansão do conteúdo sem incorrer em explicações repetitivas desnecessárias e a diminuição das omissões deficitárias na exposição do universo amplo das ideias em foco.

## IV – Argumentações Introdutórias

**Parapsiquismo.** O parapsiquismo é atributo parafisiológico presente em todas as consciências, em função da natureza multidimensional e holossomática dos seres, sendo mais ou menos pronunciado de acordo com o nível de investimento multissecular (em vidas humanas pretéritas) realizado para o avanço das faculdades ditas *paranormais* ou as percepções extrassensoriais.

**Desenvolvimento.** O desenvolvimento do parapsiquismo entrelaça as dimensões intrafísica e extrafísica de modo indissociável, possibilitando melhor comunicação entre as consciências, estejam elas na vida humana ou na dimensão extrafísica, após o descarte do corpo físico.

**Contatos.** A sensibilidade paraperceptiva, portanto, aprofunda as relações interconscienciais.

**Dualidade.** O parapsiquismo pode ser empregado em prol da evolução, da interassistencialidade, ou também para manipulações anticosmoéticas e enraizamento de interprisões grupocármicas. Todo poder exige escolhas.

**Assédio.** *Assédio interconsciencial* é a condição na qual determinada consciência ou consciências hostis, intrafísicas ou extrafísicas, provocam distúrbios, atravancações, acidentes, doenças, desconfortos ou outras mazelas em outra pessoa, em geral devido a dívidas morais contraídas em vidas anteriores. A *interprisão grupocármica* é a situação na qual estas consciências, devedoras entre si, não conseguem libertar-se do jugo do próprio ódio e das retaliações consecutivas, mantendo-as agrilhoadas umas às outras.

**Prevalência.** O assédio extrafísico é doença de alta prevalência na Humanidade, que carece ainda de enorme demanda de reciclagem da autopensenidade e da Cosmoética.

**Cosmoética.** Pela Evoluciologia, enfatiza-se a necessidade da utilização cosmoética das parapercepções, para o bem de todos. O uso indiscriminado e mal-intencionado do parapsiquismo conduz aos assédios interconscienciais intrincados de difícil resolução.

**Conivência.** A interassedialidade só se mantém a partir da *conivência mútua* entre consciências intrafísicas (conscins) e consciências extrafísicas (consciexes). As consciências interpresidiárias podem inclusive revezar-se nos papéis de vítima e verdugo.

**Renovação.** Renovando-se, a conscin pode libertar a consciex do retrocesso evolutivo, rompendo a cadeia do ódio. O exemplo da vítima faz o algoz *refletir*.

**Eco.** Se a consciex quiser continuar imersa em auto-obcecações, ao menos não encontrará eco para a fermentação das emoções patológicas. *Se um não quer, dois não brigam.*

**Interrupção.** O perdão e o desejo autêntico da conscin de assistir o assediador interrompem a progressão da interprisão grupocármica. Eis a maior dificuldade das consciências quanto à dissolução do assédio interconsciencial: a maioria não quer abrir mão dos rancores e reivindicações pessoais.

**Despertologia.** Condição antípoda ao assédio interconsciencial é a *desperticidade*, quando a consciência torna-se imune às intrusões através da autodefesa energética.

**Cronêmica.** Estipula-se o período mínimo de 2 décadas de sedimentação da desassedialidade nas manifestações pessoais para haver certeza quanto à fixação definitiva do autodesassédio, sem possibilidade de retrocessos.

**Refratariedade.** O ser desperto, traquejado e experiente, imbui-se de verdadeira refratariedade quanto ao assédio extrafísico, em função da divergência de pensenes e da intencionalidade em relação às consciexes doentes.

**Interassistencialidade.** Apesar de ser imune às intrusões conscienciais, o desperto, mulher ou homem, convive com maior número de consciências assediadoras e mantém mais consciexes enfermas na psicosfera pessoal, com o objetivo explícito de interassistencialidade profissional, megafraterna e universalista, ocorrendo sem qualquer heterocontaminação.

**Antipodia.** Pela Evoluciologia, o estudo dos contrapontos explicita os extremos, os antagonismos e assimetrias próprias da evolução consciencial. Considerando as antipodias, o indivíduo calibra o autodiscernimento, com lógica, na direção considerada mais sábia ou coerente.

**Contraponto.** Pela Parapercepciologia, o contraponto do assédio extrafísico cronicificado é a desassedialidade permanente *total.* O parapsiquismo é atributo consciencial inafastável no contexto desta evolução.

**Trâmite.** O leitor ou leitora poderá compreender melhor o trâmite do desenvolvimento parapsíquico ao analisar os fatos começando pelo estudo da patologia e ascendendo para a compreensão concreta da homeostase, do megafoco evolutivo. Os contrapontos técnicos serão úteis na demonstração da progressão.

**Transição.** A pesquisa da *fase de transição*, ou período de coexistência das manifestações pessoais imaturas e das condutas acertadas pró-evolução, também é essencial e será contemplada aqui no livro, evitando-se abordagens maniqueístas e as expectativas ilusórias de *mutações conscienciais.*

**Obra.** Esta obra expõe aspectos do autoparapsiquismo em contexto dinâmico, com análises minuciosas do *antes, durante e depois* da autossuperação cosmoética da subjugação parapsíquica, a partir do estudo de caso desta *autora-cobaia.*

***O*** *EX-ASSEDIADO CRÔNICO* ***PODE TORNAR-SE*** *DESPERTO* ***EM APENAS UMA VIDA HUMANA. QUEM DE FATO QUISER, CONSEGUIRÁ.***

# PARTE I

# CONTRAPONTOLOGIA

## 01. Contrapontologia

**Definição.** *Contrapontologia* é a ciência voltada ao estudo da oposição de ideias no processo de elaboração do pensamento, vivências ou avaliação de fatos e parafatos sob a perspectiva *assimétrica* do Cosmos.

**Sinonímia:** 1. Antagonismologia. 2. Oposição. 3. Antipodia. 4. Dissociação. 5. Contraste. 6. Ciência dos Contrários.

**Antonímia:** 1. Sinergismologia. 2. Acordo. 3. Aproximação. 4. Associação. 5. Sinergia. 6. Similitude.

**Espiral.** A consciência humana imatura, ainda portando características comportamentais primitivas herdadas de suas vidas pretéritas em estágios subumanos, caminha no sentido do aprimoramento pessoal através do enriquecimento e do emprego teático do *Código Pessoal de Cosmoética.* Mesmo quando parece dar voltas em torno dos mesmos trafares há diversas existências, não parte exatamente do mesmo ponto de antes, pois há pequenos avanços pontuais adquiridos e incorporados a partir das vivências pessoais pró-evolutivas (espiral evolutiva). Portanto, a evolução consciencial se processa no sentido unidirecional e espiralar do *erro (Anticosmoética)* ao *acerto (Cosmoética).*

**Assimetria.** No Cosmos, a vida segue através de assimetrias ou contrapontos. Por exemplo, o dia e a noite são fundamentalmente opostos, porém a existência da aurora e do crepúsculo ensina que a evolução exige fases de transição ou *crises de crescimento.*

**Intermediária.** Durante as fases de transição, as dificuldades da consciência na fixação da pensenidade e comportamento cosmoéticos levam à permanência transitória na fase intermediária, na qual o sentido do rumo pode adquirir caráter dúbio, na *marcha e contramarcha.*

**Indefinição.** Todas as consciências, de algum modo e em níveis diferentes, estão vivenciando transições evolutivas. A indefinição quanto aos valores cosmoéticos recém-adquiridos, em contraste com a subcerebralidade cultivada há milhões de anos, representa causa importante de conflitividade das consciências em relação ao autoconhecimento e às automanifestações.

**Cego.** Pela Extrafisicologia, o *guia cego,* por exemplo, é a consciex vivenciando conturbado limbo intermediário entre a assedialidade franca e a amparalidade.

**Mulato.** Pela Historiografia brasileira, o mulato, no período escravagista, era a figura conflituosa, indefinida quanto à identidade social, deslocado em relação aos senhores brancos dominantes e aos negros oprimidos, sendo preterido por ambos os grupos. Híbrido somático, emocional e ideológico de dominador e dominado, era o representante sociológico da instabilidade transicional.

**Anomia.** Durante a fase de transição, responder à pergunta *'quem sou eu?'* pode ser tarefa difícil. A personalidade está em *xeque.* Impera, de certa forma, anomia temporária no microuniverso consciencial.

**Maniqueísmo.** Se o indivíduo, homem ou mulher, for maniqueísta, será árdua a tarefa de situar-se no processo evolutivo, neste período. A escala de qualificação da consciência, no caso, funciona somente em branco e preto, sem gradações de *cinza.* Ora admite-se boa pessoa, ora má. Surgem, assim, as *autoculpas.*

**Crescendo.** Faz-se necessário, portanto, esclarecer o crescendo *erro-ambivalência-acerto,* tendo-se lucidez quanto à maior facilidade de entendimento das situações extremas. A *nuança ambivalente* pode ser *total equívoco?*

**Capítulos.** Pelas razões expostas, os capítulos seguintes abordarão também as fases de transição, imiscuídas às análises dos contrapontos. O entendimento do período intermediário é crucial; trata-se do momento no qual ocorre maior percentual de estagnação e retrocesso evolutivos, se não houver paciência, persistência e lucidez por parte da consciência.

**Autodiscernimento.** Requer-se autodiscernimento e maturidade para a compreensão das antipodias. A consréu não consegue, em geral, discriminar atitudes antievolutivas ou pró-evolutivas, pois não há ainda *background* de cosmoética vivida e reflexões para tal.

**Platô.** Ao alcançar novo platô evolutivo pela conquista de determinado trafor, a consciência pode autoavaliar-se com clareza em *antes e depois* da inserção da cosmoética. A oposição das atitudes primárias de outrora e das maduras de agora torna-se evidente.

**Recins.** Reciclagens intraconscienciais *cirúrgicas,* profundas e definitivas, demarcam condições antagônicas de determinada linha de conduta, ao modo de *divisoras de águas.*

**A interação interdisciplinar Parapercepciologia-Contrapontologia permite o esmiuçamento da complexa aquisição do autodomínio parapsíquico.**

## 02. AUTOPARAPSIQUISMO

**Definição.** *Autoparapsiquismo* é o conjunto das manifestações extrassensoriais ou *paranormais* da consciência, relacionado intimamente à descoincidência do psicossoma ou do mentalsoma e à maior sensibilidade energossomática, permitindo o intercâmbio direto com a dimensão e consciências extrafísicas.

**Sinonímia:** 1. Paranormalidade; percepções extrassensoriais; parapercepções. 2. Sensitividade parapsíquica. 3. Mediunismo; mediunidade. 4. Portal interdimensional. 5. Bússola do autodiscernimento. 6. Estado de descoincidência veicular.

**Antonímia:** 1. Materialismo; percepções sensoriais. 2. *Casca-grossa.* 3. Animismo. 4. Imaginação; alucinação. 5. Estado de coincidência veicular. 6. Existência trancada.

**Policarmologia.** Sob a ótica da Policarmologia, o autoparapsiquismo é recurso fundamental à *inclusão* das consciências extrafísicas nas inter-relações da conscin. O atendimento assistencial visando tão somente às conscins é sectário, pois exclui o maior contigente de possíveis assistidos: a *parapopulação.*

**Paraprocedência.** Todos somos consciexes. A vida humana é palco de aprendizado, mas o real lar de todos é a dimensão extrafísica.

**Identidade.** No âmbito da Conscienciometria, o desenvolvimento do autoparapsiquismo cosmoético permite o resgate da real identidade pessoal, com o estudo da holobiografia (vidas e intermissões anteriores) através das retrocognições.

**Parassemiologia.** Pela Assistenciologia, o autoparapsiquismo é instrumento parassemiológico de ponta para a realização de diagnósticos e paradiagnósticos conscienciais, para a definição de soluções terapêuticas e estabelecimento de prognósticos. Por exemplo, a *ausculta* da dimensão extrafísica pode indicar a presença de assediadores extrafísicos, ex-vítimas ávidas por vendeta, operando contra a saúde do assistido.

**Doenças.** Muitas doenças têm etiologia vinculada aos heteroassédios e às paragenéticas alteradas, inclusive doenças ditas *idiopáticas* ou de razão desconhecida. O estudo da paragenética pode elucidar teratologias, deficiências somáticas variadas, mas também a *supersaúde* e a *macrossomática.*

**Justiça.** Dentro da Holocarmologia, o autoparapsiquismo promove a pacificação íntima pela comprovação inconteste da inexistência de *injustiças da vida.* Nenhuma benesse ou revés da existência surge ao acaso. Há sempre conexão com o passado e a ficha evolutiva da consciência, segundo a *lei de ação e reação,* ou princípio do retorno das ações pessoais (*carma*). Quem se queixa das adversidades, ignora ou *foge* do próprio passado, não raro permeado de ações anticosmoéticas.

**Autolucidez.** O ser com as maiores debilidades orgânicas pode ser feliz e lúcido quanto às responsabilidades e tarefas a realizar, principalmente quando guarnecido por autoparapsiquismo funcionante e pela interação ativa com os amparadores.

**Paradoxo.** Já o indivíduo com o soma sadio pode ser contumaz em autovitimizações e ser mestre da apagogia, aninhando-se nas repetições extemporâneas dos comportamentos recalcitrantes. Isto quando não destrói o próprio corpo, através de estigmatizações somáticas e do desencadeamento de dessoma prematura. O autoparapsiquimo aqui, se ativo, é fomentado pelos assediadores extrafísicos e suas sugestões espúrias *imperdíveis.*

**Psiquiatria.** A especialidade médica cujo arcabouço patológico mostra conexão maior, explícita, com o desequilíbrio das parapercepções e a vitimização por assediadores extrafísicos é a Psiquiatria. Infelizmente, a sobranceria médica e os travões fisicalistas impedem a compreensão da abordagem terapêutica eficaz aos doentes mentais: a reeducação para o autodesassédio.

**CI.** Pela Mnemossomática, a retrocognição mais útil propiciada pelo autoparapsiquismo é a rememoração de fatos, ideias e *compromissos* oriundos do Curso Intermissivo (CI). Com tais lembranças, as parapercepções auxiliam na manutenção do megafoco da proéxis, evitando a fuga do fluxo cosmoético do Cosmos para o acostamento das automimeses inúteis (antiproéxis).

**Valores.** Ultrapassando a Biologia, a Medicina, a Psicologia, a Antropologia e a Sociologia, o autoparapsiquismo redimensiona e amplia o universo da consciência, redefinindo valores e objetivos de vida.

**Autocomprovação.** O parapsiquismo permite, por exemplo, a autocomprovação dos 7 parafatos (fatos extrafísicos) seguintes, fundamentais, na ordem crescente de complexidade conteudística:

1. **Imortalidade.** Ausência de morte, apenas descarte do soma. A consciência jamais se extingue.
2. **Energias.** O reconhecimento da inevitabilidade do domínio das energias para a obtenção de maturidade nos desempenhos na vida humana.
3. **Holossoma.** Existência de outros veículos de manifestação além do soma (corpo humano): psicossoma, o veículo das emoções; energossoma, o corpo das energias; e mentalsoma, o veículo do discernimento.
4. **Seriéxis.** Serialidade existencial, ou a sucessão de existências humanas, em ambientes e épocas diversos.
5. **Multimilenaridade.** A multimilenaridade das consciências, compreendendo ser o temperamento o resultado do somatório de experiências, erros, acertos e aprendizados anteriores.
6. **Intercâmbio.** O intercâmbio ininterrupto entre conscins e consciexes.
7. **Evolução.** Compreensibilidade da evolução, ou das leis do Cosmos que regem a maturação e o avanço dos princípios conscienciais.

**Objetivos.** Eis a listagem, em ordem alfabética, de 35 objetivos funcionais do autoparapsiquismo, dentre inúmeros:

01. Ampliação da intelectualidade e comunicabilidade.
02. Aproveitamento das sincronicidades.
03. Autocentramento.
04. Autoconscientização multidimensional (AM).
05. Autodefesa energética.
06. Autodesassédio.
07. Autodiscernimento.
08. Conhecimento prático da Parafenomenologia.
09. Convivialidade máxima com conscins e consciexes.

10. Cosmovisão.
11. Domínio bioenergético.
12. Entendimento sereno das inter-relações grupocármicas.
13. Escolha de prioridades melhores e de hábitos úteis.
14. Estabelecimento de ofiex.
15. Estado vibracional.
16. Eutimia.
17. Força presencial.
18. Identificação e uso da sinalética energética parapsíquica.
19. Inteligência evolutiva (IE).
20. Interação com amparadores extrafísicos.
21. Interassistencialidade eficaz.
22. Iscagem assistencial lúcida.
23. Libertação do restringimento pensênico.
24. Megafraternidade.
25. Paradiagnóstico.
26. Paraprognóstico.
27. Paraterapêutica.
28. Policarmalidade.
29. Precocidade da desperticidade.
30. Promoção de heterodesassédios.
31. Reciclagem do Código Pessoal de Cosmoética (CPC).
32. Retrocognições, intermissivas e de vidas anteriores.
33. Supersapiência.
34. *Supersaúde.*
35. Universalismo.

**Responsabilidade.** Com o desenvolvimento do autoparapsiquismo, sobrevém a responsabilidade. Pela Evoluciologia, todo poder exige incorruptibilidade e lisura no *modus faciendi.*

**Interações.** Não se pode excluir das investigações detalhistas do autoparapsiquismo as interações da consciência com amparadores extrafísicos, assediadores e guias cegos. O nível evolutivo das *companhias habituais* interfere sobremaneira no desenvolvimento e na qualidade da expressão das parapercepções do sensitivo ou sensitiva.

**Pensenidade.** O entrecruzamento da *autopensenidade* com a *heteropensenidade* é fato inafastável. Para o progresso do parapsiquismo, torna-se obrigatório identificar, administrar, avaliar e corrigir os próprios pensenes à sombra dos pensenes alheios onipresentes, seja de conscins ou consciexes, porque as intrusões na pensenidade pessoal ocorrem a todo momento, em qualquer situação, sem aviso prévio.

**A EVOLUÇÃO DA SENSITIVIDADE OBEDECE AO CRESCENDO: PARAPSIQUISMO** COM **ASSÉDIO (INTERPRISIOLOGIA) – PARAPSIQUISMO** SEM **ASSÉDIO (DESPERTOLOGIA).**

## 03. Relações do Autoparapsiquismo

**Originalidade.** O autoparapsiquismo pode ser relacionado a inúmeros fenômenos, situações, fatos, parafatos, técnicas, interações, contextos relacionados à aplicação da Cosmoética e características conscienciais. A originalidade nas descobertas relacionadas às parapercepções reside no aprofundamento das perquirições detalhistas de tais associações.

**Vinculações.** Em tese, qualquer realidade do Universo pode ser associada a qualquer tema de estudo, dependendo apenas da criatividade e da articulação intelectual do investigador atento, mulher ou homem. No entanto, certas temáticas são vinculadas de modo direto ou estreito à ideia-matriz, não podendo ser olvidadas nas investigações preambulares do assunto eleito para pesquisa.

**Praticidade.** A título de praticidade, o pesquisador, mulher ou homem, pode eleger temas específicos para encetar as conexões ideativas, facilitando o entendimento inicial das aplicações e consequências do autoparapsiquismo sob a ótica da evolução consciencial.

**Temas.** Eis, por exemplo, em ordem alfabética, 60 *temas conscienciológicos* relevantes, na visão desta autora, para a pesquisa das relações do autoparapsiquismo:

01. Acareações.
02. Amparadores.
03. Arco voltaico.
04. Assediologia.
05. Assistenciologia.
06. Autoconscientização multidimensional.
07. Autodiscernimento.
08. Autodisciplina.
09. Centrais extrafísicas.
10. Cipriene.
11. Compléxis.
12. Comunidades extrafísicas.
13. Consciênciometria.

14. Consciexes.
15. Conviviologia.
16. Cosmoconsciência.
17. Cosmoética.
18. Cursos intermissivos.
19. Descoincidência do mentalsoma.
20. Descoincidência do psicossoma.
21. Descoincidência vígil.
22. Despertologia.
23. Detalhismo.
24. Dupla evolutiva.
25. Ectoplasmia.
26. Energossoma.
27. Epicentrismo consciencial.
28. Estados alterados de consciência.
29. Evoluciólogos (Evoluciologia).
30. Exaustividade.
31. Extrapolaciologia.
32. Glândula pineal.
33. Holomaturologia.
34. Holorgasmo.
35. Holossomática.
36. Homeostática.
37. Intencionalidade.
38. Interprisiologia.
39. Invéxis.
40. Laboratórios Conscienciológicos de Autopesquisa.
41. Macrossomática.
42. Moréxis.
43. Ofiex.
44. Pangrafia.
45. Parafenomenologia.
46. Paragenética.

47. Parapsiquismo extrafísico.
48. Primener.
49. Proéxis.
50. Projeções assistidas.
51. Recéxis.
52. Serenologia.
53. Seriéxis.
54. Sexualidade (*kundalini*).
55. Sinalética energética.
56. Sincronicidades.
57. Sutilezas.
58. Tenepes.
59. *Vida dupla* (intrafísica-extrafísica).
60. Vontade.

**Liberdade.** Não há complementação explicativa dos temas expostos na listagem a fim de evitar o tolhimento da liberdade associativa da leitora ou leitor.

**Recurso.** Na aparente *obviedade* de determinado fato, assunto ou situação pode residir silente a ideia original crítica. O autoparapsiquismo, além de tema intrigante de pesquisa, também é recurso investigativo capaz de retirar *minudências pseudo-óbvias* da elusividade, colocando o *refletor* da lucidez no foco correto (hiperacuidade).

***Vale o pesquisador estar atento às oportunidades de aprendizado, observando os mínimos detalhes, inclusive os* aparentemente *óbvios.***

# 04. Contraponto
## *Emocionalismo / Racionalidade*

**Definição.** *Emocionalismo* é o comprazimento pelo exagero emocional, a vivência e a tendência da conscin para analisar pessoas, objetos, ambientes e fatos a partir do psicossoma (corpo emocional), tornando este veículo de manifestação predominante em relação aos demais, obscurecendo o autodiscernimento e a racionalidade.

**Sinonímia:** 1. Comocionalismo. 2. Emotividade exagerada. 3. Sentimentalismo lacrimogênico. 4. Monopólio do cardiochacra. 5. Ansiosismo. 6. Antidiscernimento.

**Antonímia:** 1. Racionalidade. 2. Autodiscernimento. 3. Calculismo cosmoético. 4. Frieza. 5. Equilíbrio emocional. 6 Eutimia.

**Definição.** *Racionalidade* é a qualidade do racional, do lógico, a capacidade de avaliar pessoas, objetos, ambientes e fatos sob a ótica predominante do mentalsoma, ou dos atributos mentais.

**Sinonímia:** 1. Calculismo cosmoético. 2. Destreza mental. 3. Lógica. 4. Mentalsomaticologia. 5. Criticologia. 6. Imperturbabilidade.

**Antonímia:** 1. Emocionalismo. 2. Edulcoração da realidade. 3. Obtusidade pensênica. 4. Errologia. 5. Erística.

**Taxologia.** Eis, em ordem alfabética, 15 exemplos e situações relacionadas, enumeradas horizontalmente, de atitudes conscienciais derivadas do emocionalismo, favorecedoras do assédio interconsciencial:

01. **Ansiedade.** O ansiosismo; a precipitação; a impulsividade; a dispneia emociogênica; os *chiliques;* os *pitis;* a tremedeira; a taquicardia; os sintomas adrenérgicos; o Sistema Nervoso Autônomo; a impaciência; a supremacia do subcérebro abdominal; os transtornos alimentares; a estafa; os brancos mentais; a tagarelice; a garrulice; o ato de falar sem pensar; a taquilalia; a dificuldade de ouvir; a riscomania; os esportes radicais; a cleptomania; a inquietação somática; o desejo de ter *tudo para ontem.*

02. **Autoconflituosidade.** As bagatelas da vida humana; as fantasias delirantes; as distorções da autoimagem; a falta de autocrítica; as

querelas por ninharias; a melindrosidade; as mazelas pessoais; a autossabotagem; as fugas das responsabilidades; o estacionamento na fase de transição evolutiva.

03. **Baixa autoestima.** A autovitimização; a fraqueza presencial; a *trafarolândia;* a *entrega dos pontos;* a estreiteza mental; o egoísmo; a vida pelo *umbigão;* a sensibilidade *à flor da pele;* a dependência de opiniões alheias; a autodesmotivação para as reciclagens intraconscienciais; a acrasia; a angústia permanente; o *choro sem motivo;* a autodesvalorização autocorrupta; a autoanulação; o trafar *grave.*

04. **Despriorizações.** A despriorização consciencial; o porão consciencial não superado; a anticosmoética; a toxicomania; as autocorrupções; a acídia; a rotina imprevisível; a arte acima da ciência; os desvios de proéxis; a moldura superando o conteúdo; o abdome dominando o cérebro.

05. **Dramatizações.** A *tempestade em copo d'água;* os queixumes do bilionário da evolução; a superampliação do ponto negativo irrelevante; a hipocondria; *o carregamento baratrosférico nas tintas.*

06. **Egoísmo.** A necessidade de reconhecimento; o egocentrismo; o desejo infantil de ser o centro das atenções; o *egão edemaciado;* a falta de disponibilidade pessoal; o hedonismo; o orgulho; a vaidade.

07. **Heteroconflituosidade.** O constante estado de beligerância com os outros; a irritação; a palavra agressiva na *ponta da língua;* a predisposição aos *barracos;* o gosto pelas contendas; a ruminação mental posterior à discussão; o alfinetamento; a palavra ácida; a misantropia; o ódio às consciências; o mau humor; a intratabilidade.

08. **Impulsividade.** O umbilicochacra desgovernado; a falta de previsão; a ausência de continuísmo; o *oba-oba;* a multivolidade; a frivolidade; a precipitação com consequências desastrosas; as dívidas financeiras; o consumismo; os acidentes de percurso; a *adrenalina palpitante;* o *entusiasmo* acrítico; as paixonites por pessoas, temas, lugares e ideias, predispondo às fascinações assediadoras; a *espontaneidade* excessiva.

09. **Infantilismo.** A consciençulidade; o pranto convulso; a voz aguda e trêmula; as requisições egoicas; a birra; a carência; o desejo de querer ser amado por todos; a busca de aprovação alheia; os lazeres imaturos; a aparência infantilizada; a linguagem *tatibitate;* o uso constante

de diminutivos; os apelidos minimizadores da personalidade; a subcerebralidade.

10. **Inveja.** O mau hábito zelotípico; as antipatias antiassistenciais; as aversões esterilizantes; o afastamento dos amparadores extrafísicos; a antiempatia; a competitividade antimaxiproéxis grupal; a raiva pelo sucesso alheio; a satisfação malévola.

11. **Mágoa.** As suscetibilidades; os cotovelomas; a raiva; o ódio desmesurado; o rancor surdo; a hipersensibilidade imatura; o ato de *virar a cara* para alguém; as fofocas; a máscara da dissimulação; a necessidade de tirar satisfações com os outros; a vingança tardia; a vendeta abrangendo grupos familiares; o plano vingativo detalhado ao longo de anos; as inimizades seculares.

12. **Monoideísmos.** As ideias fixas negativas de alto conteúdo emotivo; as auto-obcecações; os autoengodos; o ciúme; a *sinistrose;* a fantasia da traição; o transtorno de personalidade paranoide; a paranoia; a busca de *poder, prestígio e posição;* a auto-hipnose depreciativa; a auto-hipnose cabotina; a autoestigmatização; a zoantropia.

13. **Orgulho.** A postura de não aceitar auxílio; a soberba no poder; a resistência às heterocríticas; o *rei na barriga;* a autopromoção; o *status* humano; os títulos acadêmicos paroxísticos; os louros; a empáfia; a pompa; os cúmulos do requinte excessivo; as hipocrisias; a condição de *não aceitar perder.*

14. **Promiscuidade.** A sexualidade desregrada; as paixões temporárias; o amor de verão; a prostituição socialmente aceita; o *ficar com*; as aventuras emocionais etílicas; o troca-troca de parceiros; a poluição genital; o *swing;* as *almôndegas;* o *ménage à trois;* os *trenzinhos;* as fantasias sexuais; a carência sexual predispondo aos *congressus subtilis;* a AIDS.

15. **Vaidade.** A cabotinice; o ato de se considerar superior aos outros; o *egão-sol;* o *curriculum vitae* obeso; o autor-estrela; a aula-*show;* as passarelas; as seduções holochacrais anticosmoéticas; o anseio por ofuscar o brilho do outro.

**Componente.** O emocionalismo é componente essencial de todos os tipos de assédio e possessões interconscienciais.

**Autofrustrações.** As emoções negativas indomadas fazem a conscin errar e também não se sentir capaz de renovar seus comportamentos equivocados, alimentando ideias fixas de que, sob circunstâncias-gatilho, novamente errará. Semelhante situação gera ansiedade, pela expectativa de incorrência em deslizes e autofrustrações.

**Sinistrose.** Sob a perspectiva do fracasso, na sinistrose permanente, a conscin autoassediada recalca as emoções e sofre, sem conseguir se sair bem em novas oportunidades.

**Autoestigmatizações.** Os assediadores extrafísicos estimulam as autoculpas e a ilusão da eterna derrota nas tentativas de mudança, gerando autoestigmatizações na vítima e mantendo-a vinculada emocionalmente ao *passado plúmbeo*. Este fato pode desencadear distimia, bipolaridade, depressão, autismo, epilepsia, transtorno de ansiedade generalizada, síndrome do pânico e diversos outros achaques psiquiátricos, ainda incompreendidos pela Medicina quanto às etiologias reais.

**Parapatologia.** A distorção emocionaloide da autoimagem, com estigmatização, predispõe aos distúrbios holossomáticos graves, alterando inclusive a conformação e funcionamento normais da para-anatomia e da parafisiologia.

**Autotransfigurações.** Consciexes gravemente enfermas podem promover autotransfigurações psicossomáticas em total descontrole, pelas auto-obcecações.

**Zoantropia.** Há consciências considerando-se verdadeiras feras incoercíveis, promovendo em si mesmas a zoantropia, ou a transfiguração do psicossoma humanoide para a forma de qualquer animal subumano. Traduz-se o cúmulo da parapatologia psicossomática autoinduzida.

**Megalomania.** Por outro lado, a conscin pode ser iludida pelos assediadores através do orgulho e vaidade pessoais, alimentando fantasias megalomaníacas e depois promovendo a derrocada. Patrocinam, por exemplo, dessomas prematuras, enrodilhamento em novas interprisões grupocármicas ou ocorrência de danos somáticos irreversíveis.

**Fascinação.** O orgulho do sensitivo, homem ou mulher, predispõe-no às fascinações de consciexes mal-intencionadas, astutas. Por exemplo, se recebe determinada mensagem extrafísica, não a questiona; conclui, cegamente, que é positiva pelo fato de *sua pessoa* ser coadjutora do fenômeno.

**Mistificação.** Consciexes mistificadoras fazem-se passar por personalidades históricas conhecidas para manipular o ego do médium, mulher ou homem. O jactante, iludido, não se surpreende, tomando-se por indivíduo *magnífico*, digno de receber a visita de *notáveis sumidades.*

**Pseudopoder.** O fraco-vítima cabotino sente-se poderoso contra o Cosmos. Mera ilusão proporcionada pela soberba pessoal e pelas cunhas mentais heteroassediadoras.

**Psicopatologia.** A falta de realismo nas abordagens intraconscienciais, a autocorrupção e a indisposição para as recins, associadas ao domínio assediador, conduzem a conscin doente à rápida decadência psíquica e parapsíquica, não raro, culminando até em demência, psicopatia ou na *possessão total.*

**Autocrítica.** A situação de extrema arrogância diverge da autoconfiança realística porque, na jactância, falta autocrítica nos *approaches.* A conscin sequer admite os próprios erros. Acomodou-se ao assédio extrafísico do qual não quer se livrar.

**Fissuras.** Enquanto houver pontos fracos emocionais, fissuras intraconscienciais a serem manipuladas, haverá possibilidade de assédio. Pode-se manobrar o fraco, o autoculpado e o orgulhoso, porém não a conscin lúcida, autocrítica, racional e imperdoadora quanto aos próprios erros.

**Ingratidão.** O emocionalismo gera *in*gratidão, clamor por *justiça* e defesa dos direitos *pessoais* egoísticos ante os direitos grupais.

**Socin.** A *Sociedade Intrafísica* (*Socin*) enaltece as emoções instintivas enquanto agentes da felicidade. Tal valor é representado no conselho popular pueril: *siga o seu coração.*

**Linhas.** Diversas linhas do conhecimento humano exploram o emocionalismo e promovem manipulações a partir das fissuras conscienciais de personalidades fracas e carentes, a exemplo das religiões (dogmatismo, fé), da Arte (egocentrismo), ou mesmo da Ciência Convencional, obtusa e *apaixonada* pelo *dogma do elétron,* furtando-se às investigações multidimensionais.

**Cientista.** O cientista fisicalista, mulher ou homem, árduo defensor da matéria e do raciocínio lógico, não raro é *crente religioso acrítico,* infantil e sem autodomínio emocional. A personalidade encontra-se clivada, bifronte. Defende a comprovação científica dos fatos, porém admite misticismos, mitificações delirantes e gurulatrias derivados do sectarismo religioso. Pura incoerência.

**Dependências.** Os agentes ensombrecedores da capacidade de pensar com lógica e criadores de dependências emocionais, inclusive a dependência da *matéria,* são favoráveis ao heteroassédio.

**Evolução.** Pela Evoluciologia, observa-se, na prática, a ascensão evolutiva ocorrendo a partir do predomínio do mentalsoma, da cultura do autodiscernimento, do *calculismo cosmoético* e dos *sentimentos transcendentes.*

**Casuística Nosográfica.** No contexto desta autora, apesar de ser afeita à intelectualidade desde criança, o emocionalismo monopolizou as manifestações conscienciais durante a fase da vida na qual esteve sob a influência maciça dos assediadores extrafísicos.

**Plugues.** Os 16 principais *plugues* emocionalísticos para o assédio e, consequentemente, para a ocorrência das semipossessões patológicas, no caso pessoal, foram, em ordem alfabética:

01. **Ansiedade.** Ansiosismo dominando as manifestações.

02. **Aprovação.** Necessidade permanente de aprovação alheia.

03. **Arte.** Gosto por aventuras emocionais e fuga pela Arte.

04. **Autodesorganização.** Falta de autodisciplina e organização maior, no geral.

05. **Autofrustrações.** Sensação de impossibilidade pessoal de conter emoções negativas, gerando autofrustrações.

06. **Autovitimização.** Episódios de autovitimizações, com autodesvalorização e desconforto pessoal. Sensação angustiante de não ser amada por ninguém e de não ter sucesso enquanto ser social.

07. **Baixa autoestima.** Sensação de fracasso quanto aos relacionamentos afetivos e insegurança quanto aos próprios talentos. Inconsciência quanto ao megatrafor pessoal.

08. **Competitividade.** Competição e inveja como defesa ante a baixa autoestima. Tendência a realizar comparações autoestigmatizantes.

09. **Indefinição.** Indefinição quanto às posturas e priorizações; cultivo de autocorrupções e permanência na condição de *buscadora-borboleta* estagnada.

10. **Ingenuidade.** A ingenuidade quanto à própria realidade intraconsciencial e, em especial, quanto ao assédio extrafísico.

11. **Injustiça.** Irritação e raiva surda ante a sensação de ser injustiçada ou ludibriada.

12. **Insegurança.** Insegurança afetiva, com estado de intensa carência emocional.

13. **Instabilidade.** Predominância de instabilidade emocional. Propensão aos melindres.

14. **Misticismo.** Adoção de posturas místicas e andaimes conscienciais extemporâneos mantenedores da influência de guias cegos, a exemplo do exercício da cartomancia, quiromancia e da elaboração de rituais místicos diversos.

15. **Pusilanimidade.** Medo de enfrentar os assediadores extrafísicos e os erros do passado, caindo na situação da vítima passiva, entreguista, que aceita o domínio do verdugo receando o enfrentamento da situação, acuada pelas autoculpas e pelas retrocognições negativas. Foi o *fator de destaque.*

16. **Seduções.** Tendência para as seduções holochacrais anticosmoéticas; uso inapropriado da força presencial.

**Lembranças.** No tocante à vivência em estudo ainda, esta autora sentia tristeza indefinida e complexo de inferioridade, porém não possuía nenhuma recordação clara dos fatos desencadeadores do assédio extrafísico. As retrocognições chegavam por outra via: os assediadores açulavam as *lembranças emocionais negativas* do passado em comum com eles.

**Antepassada.** Não houve recordação de cenas, nomes e datas com clareza, mas foram sentidas e *re*vivenciadas as emoções e a pensenização obtusa de vidas anteriores. A autora foi *antepassada de si mesma* durante a adolescência.

**Descoberta.** No âmbito geral, ao ser descoberta pelos seus perseguidores extrafísicos, a conscin interpresidiária torna-se alvo do bombardeio de impropérios, reivindicações, ódio e mesmo de tentativas de *re*aliciamento anticosmoético pelas consciexes, antigas *amigas* e cúmplices.

**Retrocognições.** A proximidade de tais consciências conhecidas do passado afasta a fina camada de cinzas do esquecimento temporário e reaquece a brasa da memória quanto às interprisões grupocármicas encetadas. Além das assimilações antipáticas evocadoras do passado, os próprios assediadores estimulam lembranças negativas seletivamente, mantendo a vítima cativa das recordações de seus erros anteriores.

**Autoculpas.** A conscin reluta em admitir e enfrentar os irremediáveis malfeitos de outrora, recusando-se a arrostar os assediadores, cobradores e também ex-vítimas. Cai em melancólica autoculpa, difusa, indefinida, sobre alguma coisa ou algo, às vezes, inefável (autoassédio).

**Pusilanimidade.** Acossada pela autoculpa, desanimada para enfrentar a si mesma e o grupo, a conscin entrega os pontos e permite a cobrança anticosmoética dos assediadores, abrindo passagem para a intrusão e para a marionetagem anuladora dos pensenes. Dobra, portanto, a cerviz.

**Vampiro.** Nos mitos populares, encontramos a figura do vampiro, que penetra na casa das vítimas somente se for convidado a entrar.

**Analogia.** Por analogia, a conscin, com autoculpas e medo, anui à entrada dos *vampiros* (consciexes energívoras) em sua casa, no caso, o próprio holossoma, predispondo-se às semipossessões malignas ou mesmo às possessões totais.

**Síntese.** Eis o crescendo nosográfico da situação: *autoassédio emocional–assédio extrafísico–semipossessão extrafísica patológica–possessão total.*

**Antídoto.** O predomínio da racionalidade, aliado à cosmoética, pode ser o antídoto necessário à extinção da manipulação das emoções instintivas das conscin pelos assediadores em geral.

**Autoenfrentamento.** O autoenfrentamento e a superação do emocionalismo envolvem o fortalecimento do atributo antípoda, a *racionalidade*, mesmo durante os rompantes emocionais e surtos de imaturidade característicos das fases de transição.

**Estratégia.** A estratégia de superação das imaturidades e excessos baseia-se em minimizar a importância das emoções instintivas nas priorizações evolutivas, agregando valor às produções e condutas mentaissomáticas.

**Estudo.** Nada ilustra melhor o desenvolvimento da racionalidade quanto a máxima: *Estudo, Eis Tudo.*

**Autodisciplina.** O investimento disciplinado nos estudos, com objetivo determinado e concentração mental é poderoso aliado na extinção do emocionalismo.

**Autopesquisologia.** Pela Autopesquisologia, é útil esgotar o estudo do emocionalismo no universo intraconsciencial, analisando os trafares até as últimas consequências e identificando as raízes e os fatores desencadeantes das imaturidades emocionais.

**Autocorrupção.** *Cortar os trafares* significa ser *implacável* consigo mesmo, ante a Cosmoética. Não basta admitir o problema e exibi-lo como troféu para autovitimizações ou para camuflar a incompetência em realizar as mudanças necessárias.

**Exemplo.** Por exemplo, a pessoa tapeia a si mesma e aos outros dizendo, sem pejo: *tenho esse problema, mas pelo menos admito.* Admitir é o primeiro passo e não o *último.* O que adianta, se não há intenção de mudar? No caso, o objetivo é manipulação, fazendo do trafar, estandarte. Autocorrupção explícita.

**Catarses.** Outra situação antirrecin é falar do trafar publicamente, sem no entanto mostrar exemplo de autossuperação, objetivando apenas fazer catarses pessoais às vistas da plateia. Fazer os outros sentirem *simpatia* por você não contribui no autodesassédio. Também não é interessante rebaixar a própria personalidade, tornando o exemplo consciencial medíocre.

**Maus hábitos.** Com a racionalidade, certas posturas a princípio dramatizadas e rotuladas como difíceis (ou *impossíveis*) de mudar, podem ser identificadas, na verdade, como meros maus hábitos, mantidos por preguiça ou comodismo, sendo extirpáveis através da vontade.

**Impactos.** O entendimento frio das autocorrupções pessoais promove impactos capazes de gerar mudanças cirúrgicas em pouco tempo, se a consciência assim o desejar.

**Trafor.** Além do enfoque direto no problema, há o enfoque da superação do trafar através do trafor. Deslocando a prioridade das emoções na vida diária para o mentalsoma, a conscin *alimenta* os trafores e *desnutre* os trafares, sendo forçada a mudar os hábitos inúteis e as pensenizações viciadas.

**Estudo.** Atitude prática para alcançar maior racionalidade é o *estudo*. A razão fortalece a conscin, que se assenhora de firme capacidade decisória.

**Reflexão.** Outro ponto importante é a expansão das reflexões da conscin, motivadas pelo estudo de obras selecionadas, de acordo com os próprios interesses. *A reflexão gera racionalidade e a racionalidade gera reflexão.* A leitura não será útil se não for acompanhada pelo aprofundamento das reflexões e das associações de ideias.

**Autodomínio.** Com o tempo e investimento, a conscin não se sente mais escrava dos impulsos subcerebrais e nem frágil ante os fatores desencadeadores dos descontroles emocionais. Não há desesperança ou o medo do fracasso. Os antigos fatores predisponentes ao emocionalismo não incomodam mais e nem são considerados ameaçadores. Surgem o autodomínio e o *bom humor*.

**Cronêmica.** A estratégia de superação do traf*a*r através do desenvolvimento do traf*o*r é lenta, porém progressiva, exigindo paciência e determinação. Cada caso necessitará de tempo específico.

**Razões.** Eis 7 razões, na ordem cronológica das aquisições, pelas quais a obtenção da racionalidade através dos investimentos intelectuais elimina o emocionalismo e afasta a influência dos assediadores extrafísicos:

1. **Autoconfiança.** Depois de horas de estudo continuadas, dentro de rotina pré-estabelecida, a conscin sente-se inteligente, atilada, supermotivada pelas aquisições cognitivas. A autoconfiança corta a baixa autoestima e a *sinistrose*.

2. **Concentração.** Quando a conscin estuda com concentração e profundidade, elimina a ruminação de patopensenes; as emoções acalmam e os fatos podem ser apreciados à luz do discernimento. Ao menos no horário estipulado para os estudos, os assediadores não conseguem intervir nas emoções da vítima, a base do parasitismo interconsciencial.

3. **Antissonolência.** Estudar é *monótono e entediante* para as consciexes assediadoras, sempre sob a tormenta das emoções doentias. Portanto, estados de sonolência durante os estudos devem ser sumariamente banidos.

4. **Tranquilização.** O estudo promove equilíbrio e pacificação das emoções. Gradativamente, a pessoa reconhece-se mais organizada, disciplinada, discreta e paciente. Desaparecem a garrulice e a ansiedade.

5. **Cosmovisão.** A intelectualidade expande a visão de mundo da conscin, agora passando a pensar grande e ter cosmovisão nas abordagens, em contraponto às estreitezas mentais e obnubilações de antes.

6. **Pensenidade.** O investimento intelectual possibilita à pessoa chegar a conclusões próprias, adquirir lógica e a refugar cunhas mentais indesejadas. Os assediadores não toleram a *autossuficiência de pensenidade* da conscin títere. A intelectualidade traz o *pen* do pensene para o lugar devido, de destaque.

7. **Libertação.** O aporte intelectual e as reflexões fazem o indivíduo, mulher ou homem, pensar por si mesmo, libertando-o dos grilhões das hetero-hipnoses. Torna-se seguro, articulado e posicionado, estabelecendo princípios sólidos e racionais para viver.

**Casuística Homeostática.** Na casuística desta autora, a fase de transição entre o momento no qual soube estar sob o jugo de assediadores e a fase de libertação teve a predominância dos estudos, condição aceleradora do autodesassédio.

**Vestibular.** Vivenciando o período de escolha profissional, foi escolhido o curso que exigiria mais da intraconsciencialidade em todos os sentidos: Medicina.

**Transição.** A pressão assediadora intensificou-se após a identificação da existência dos algozes, pelo fato de haver lucidez quanto à necessidade imperiosa de realizar mudanças. O conflito íntimo era a tônica.

**Decisão.** Diante deste panorama, foi tomada a decisão de promover redimensionamento geral da vida: emagrecer, realizar atividade física, mudar a rotina, melhorar a autodisciplina. Optou-se por entrar no melhor curso pré-vestibular da cidade, ato sugerido e *patrocinado* pelo parceiro de dupla evolutiva.

**Dupla.** Vê-se, no exemplo, a importância da dupla evolutiva no contexto existencial crítico.

**Autoconfiança.** Foram implementadas todas as mudanças idealizadas. A rotina de estudos para o vestibular tornou-se prolífica. Quanto mais resultados eram obtidos, maior era o progresso da autoconfiança.

**Voluntariado.** O voluntariado no *Instituto Internacional de Projeciologia e Conscienciologia* – IIPC – foi mantido, porém alterada a área de atuação por outra, adequada ao perfil pessoal. Imperava o sentimento de improdutividade e descontentamento no setor anterior, cenário pouco favorecedor quanto às determinações de reciclagens intraconscienciais firmadas. A mudança foi positiva e melhorou a sensação de autorrealização e a autoconfiança quanto às potencialidades antes subaproveitadas.

**Racionalidade.** Os estudos intensivos tornaram esta autora, de fato, racional. A necessidade de organização e memorização do conhecimento extenso modificou o foco da pensenidade, apagando e dissipando com naturalidade os rompantes emocionais.

**Imersões.** Durante as imersões intelectuais, predominava o estado de silêncio emocional e o atilamento mental. Ao término dos estudos diários, havia incremento real da criatividade, bom humor, lucidez e *felicidade*.

**Trafares.** Há quem objetive superar os trafares olhando para eles todo o tempo. Erro completo.

**Antissofrimento.** Depreende-se, pelos fatos exemplificados, a importância de obter-se a cura das *manquitolagens* pessoais a partir do investimento nos talentos, mecanismo inteligente e eficaz de terapêutica *antissofrimento*.

**Sugestões.** Eis 11 sugestões técnicas, básicas, enumeradas em ordem alfabética, para organização dos estudos e da pensenidade visando a neutralização do emocionalismo:

01. **Agenda.** Ter à mão lista de temas positivos a serem pensenizados a fim de substituir pensenes negativos, em especial os repetitivos ou monoideísmos. Estabelecer a *agenda de autopensenização.*

02. **Dicionário.** Consultar sempre o dicionário ao localizar expressão desconhecida. De preferência, anotar o significado do vocábulo no próprio livro ou em arquivo especial para facilitar a memorização. Ajuda

manter duplicatas de dicionários espalhadas estrategicamente em casa, no trabalho e no carro, por exemplo.

03. **Extrapolação.** Extrapolar as limitações intelectuais lendo fontes diversas sobre o mesmo tema.

04. **Fontes.** Ler os clássicos do pensamento humano, fundamentais. Vale mais ler o livro *maçante* e tirar as próprias conclusões ao invés de consultar opiniões de terceiros sobre a mesma obra.

05. **Horários.** Programar horários e cumpri-los, no entanto, comprometendo-se com a *produtividade* e não com a carga horária.

06. **Livro.** Ter sempre um livro à mão, em qualquer ocasião.

07. **Objetivo.** Os estudos devem contemplar objetivos práticos.

08. **Resultado.** Promover resultados palpáveis com as imersões eruditas.

09. **Sonolência.** Evitar ceder à sonolência, por vezes desencadeada pelos próprios assediadores extrafísicos. Permanecer firme no objetivo.

10. **Sublinhamentos.** Marcar o texto lido e quebrar páginas (*orelhas*) para facilitar buscas posteriores e recapitulação do conteúdo.

11. **Turno.** Eleger, se possível, o melhor turno do dia para estudar, no qual haja maior rendimento intelectual, de acordo com o ciclo circadiano pessoal.

***Adotar e cultivar comportamento racional é caminho certo para a desperticidade, exigindo, para tanto, muita** autodisciplina.*

## 05. CONTRAPONTO
## *SATISFAÇÃO MALÉVOLA / SATISFAÇÃO BENÉVOLA*

**Definição.** "*Satisfação malévola* é a reação emocional da consciência capaz de sentir prazer derivado do fracasso dos outros ou da desdita alheia." (**Vieira**, W.; ***Enciclopédia da Conscienciologia;*** CEAEC Editora & Editares; Foz do Iguaçu, PR; 2006, página 648).

**Sinonímia:** 1. Alegria maliciosa. 2. Autopatia. 3. Sadismo. 4. *Schadenfreude.*

**Antonímia:** 1. Satisfação benévola. 2. Alegria benevolente. 3. Contentamento sadio. 4. Megafraternidade.

**Definição.** "*Satisfação benévola* é a reação emocional da consciência capaz de sentir prazer sincero derivado do êxito dos outros, ou da vitória alheia." (**Vieira**, W.; ***Enciclopédia da Conscienciologia;*** CEAEC Editora & Editares; Foz do Iguaçu, PR; 2006, página 646).

**Sinonímia:** 1. Benignidade espontânea. 2. Aprazimento sadio.

**Antonímia:** 1. Satisfação malévola. 2. Aprazimento errado.

**Autoassédio.** A satisfação malévola é autoassédio promovendo acumpliciamentos com assediadores intrafísicos e extrafísicos.

**Macro-PK.** O autoparapsiquismo associado à má-intenção e ao sadismo, seja explícito ou dissimulado, funciona como indutor de macro-PKs destrutivas, em decorrência da evocação assediadora perpetrada pelo ato de pensar e de querer o mal dos outros.

**Reação.** Pela Lei de causa e efeito do Cosmos, a conscin zelotípica recebe energias negativas e associa-se a companhias doentias como retorno de atitudes equivocadas. O parapsiquismo potencializa os efeitos deletérios da interação consciencial nociva.

**Afins.** Os afins se atraem. A conscin com satisfação malévola atrai os assediadores intrafísicos e extrafísicos da consciência evocada negativamente.

**Potencialização.** Os assediadores extrafísicos *convocados,* ao vampirizarem e canalizarem as energias do sensitivo anticosmoético predisposto, mulher ou homem, potencializam a destrutividade de sua influência atuando sobre os envolvidos.

**Títere.** A conscin parapsíquica autocorrupta torna-se títere dos assediadores, boneco de ventríloquo reprodutor de sarcasmos *espontâneos* (taquipsiquismo anticosmoético) e atitudes deslocadas. Pode haver semipossessão ou mesmo possessão completa, levando aos inconvenientes reiterados das palavras e ações inadequadas nas horas erradas e às *gafes*.

**Gafes.** Quem está habitualmente predisposto a envolver-se em gafes, deve avaliar com critério a qualidade da autopensenização e das companhias extrafísicas às quais se associou. Os assediadores extrafísicos são os mestres do bulício e querem ver o *circo pegar fogo*, induzindo variados tipos de constrangimentos.

**Autogafe.** Situação vexaminosa quando há conscientização da participação pessoal enquanto *pivô materializador* de artimanhas assediadoras: é a *autogafe* da crise de crescimento, no caso, evolutiva.

**Farândola.** Atraídos e mantidos presentes pela patopensenidade da conscin, a farândola extrafísica acomoda-se à psicosfera do *cavalo*, aprofundando as raízes dos maus hábitos pensênicos. A nosografia sedimenta-se enquanto padrão predominante de conduta.

**Cronêmica.** Ao longo do tempo, a interação com companhias extrafísicas marginais cronicifica-se. A conscin *toma gosto* em viver sob simbiose, acostumada aos vícios baratrosféricos dos quais não abre mão.

**Acidentes.** Em tal cenário, o prognóstico é a predisposição à toda sorte de acidentes parapsíquicos, desde machucar-se com frequência, viver sob atravancações, sofrer assaltos consecutivos e inúmeras batidas de carro, passar por infortúnios e doenças, até chegar a ocorrer a dessoma pessoal e/ou de entes queridos em condições trágicas.

**Energias.** Os acidentes são proporcionados pela interação *energias entrópicas da conscin parapsíquica (muita quantidade, pouca qualidade) – assediadores*. As energias são o combustível para materializações e efeitos físicos; os assediadores mobilizam as energias *dóceis* ao seu comando contra o médium e outras conscins. Configura-se a macro-PK destrutiva.

**Megassediador.** Condição pior quando a conscin torna-se *líder* dos assediadores, assumindo o status de *corifeu da horda*, ou megassediador intrafísico, seja mulher ou homem. É o apogeu do autoparapsiquismo e da moral deteriorados.

**Reempossamento.** A rigor, a satisfação malévola já torna a conscin malfeitora em potencial. Até que ponto não se trata do *reempossamento* do posto de assediador consciente desempenhado no passado?

**Instrumento.** Que conscin autoconsciente, com inteligência evolutiva, quer ser e permanecer instrumento passivo de assediadores extrafísicos, tornando-se *persona non grata* e veiculando entropia generalizada?

**Reconhecimento.** É fácil culpar a vida e os outros pelos infortúnios sofridos; no entanto, é árduo e, não raro evitado, o reconhecimento da própria intencionalidade corrompida e malevolência refolhada como agente causal das tragédias pessoais e dos revezes de outras conscins.

**Responsabilidade.** Em tese, não há diferença vultosa entre pensamento e ação, mesmo na dimensão intrafísica, em função do poder de atuação, materialização e influência das energias conscienciais no Universo. Assim, um pensamento já pode ser realidade, em qualquer dimensão de manifestação, fato trazendo enorme responsabilidade sobre a qualidade da autopensenização ininterrupta.

**Atitudes.** Eis, em ordem alfabética, 10 grupos de atitudes e respectivos atos, fatos e parafatos enumerados horizontalmente, associados às conscins afeitas à satisfação malévola:

01. **Antiprofissionalismo.** A Medicina iatrogênica proposital; o cirurgião *carniceiro* usurário; a *enfermagem da morte;* a promotoria voraz e amaurótica; a imprensa *marrom;* os programas e as revistas de fofoca; a engenharia civil construindo edifícios inseguros; o uso de materiais de baixa qualidade *às escondidas;* a venda consciente de remédios falsificados; a exploração humana; a corrupção profissional.

02. **Arte assediada.** O interesse por filmes de terror e beligerantes; a paixão por músicas de conteúdo misantropo; as charges cáusticas; as caricaturas depreciativas; as pinturas odiosas; as sátiras ridicularizantes contra pessoas; a paródia aviltante; os ditos de mofa.

03. **Baratropensenidade.** A patopensenidade; os *baratropensenes;* a autocorrupção pensênica; as *pequenas* concessões anticosmoéticas; os

enormes *rombos* da autopensenização; a indisciplina mental; a fantasia espúria; o desejo de morte a alguém; a intenção de assassinato silenciosa; a Síndrome da Ectopia Afetiva (SEA); a anomia dos pensamentos; a truncagem consciencial; as viciações sinápticas; as depravações parassinápticas; o estiolamento intelectual; a *estenose* do coronochacra.

04. **Cólera.** O ódio franco; o esbravejo; o prazer em descarregar a raiva nos outros; a humilhação; os xingamentos; as ameaças; o escândalo; o esbofeteio; a agressão física; a tempestade em copo d'água; as aclamações beligerantes por *justiça;* a jacobinagem; a guerrilha.

05. **Competição.** A emulação; a antifraternidade; a anticooperatividade; o egão; a cabotinagem; a sobranceria; a caciqueria; a vaidade; o triunfalismo; a megalomania; a falta de autoconfiança; a insegurança; o antagonismo indisfarçável; a concorrência implícita ou explícita; a rivalidade espontânea; a *fogueira das vaidades;* a competição masculina; a competição feminina; a competição na dupla evolutiva; o gosto pelo páreo; o desejo de subir ao pódio; a avidez por títulos; a ilusão de superioridade; o *sorriso amarelo* ante o êxito alheio; a *murchidão* pela alegria dos outros.

06. **Hoploteca.** A anti-humanidade; a desafeição; o colecionismo da tênebra; a baratrosfera em casa; as armas responsáveis por diversas dessomas no quarto de dormir ou no escritório; o assassino em potencial com *estoque bélico* à mão.

07. **Inveja.** A zelotipia; a invídia; a raiva absconsa; a cobiça; a usura; a distorção da autoimagem; a baixa autoestima; a torcida para que *aconteça o pior para todos;* a indignação pelo sucesso alheio; a fofoca; a calúnia; a intriga; os exageros; o ato de falar mal dos outros; a infâmia; a *puxada de tapete;* a soberba pessoal; a ausência de autocrítica; a antigrupalidade; o olhar fulminante; o olhar de alto a baixo; o *mau-olhado;* o olhar de *seca-pimenteira.*

08. **Mágoa.** O rancor; o ódio inesquecível; as feridas cultivadas; a *úlcera de mendigo;* a angústia; a tristeza; a mussitação; a ruminação mental; o desamor continuado; a emoção carcinogênica; a raiva abafada; a nódoa no psicossoma; a *nuvem negra;* o choro infantiloide recalcado; as infantilidades não eliminadas; os queixumes; os pedidos só para si; a incompreensibilidade; a inflexibilidade mental; a tirania surda; o estado de imperdoabilidade; a autocorrupção; o egoísmo franco; a consciençulidade; a caçulice.

09. **Perversidade.** A maldade; o olhar cruel; a insensibilidade ante o padecimento dos outros; a psicopatia; a calúnia mentirosa; o ato de *chutar cachorro morto;* a tortura física; a tortura mental; as mentiras com o fito de aterrorizar; as *verdades-tacape;* as meias-verdades ignominiosas; a gargalhada ante a tragédia; o turismo nos cenários de guerra; as rinhas de galo; a tauromaquia; os rodeios; a pesca por prazer; o gosto pela caça; o ato de esmagar o inseto com prazer; o ato de matar e *re*matar; a defesa da pena de morte.

10. **Sarcasmo.** A ironia; o escárnio; a alcunha pejorativa; a charge anticosmoética; o sorriso sardônico; o humor negro; a piada humilhante; a brincadeira de mau gosto; a palavra ácida; a conversa cáustica; o epigrama; a zombaria; o motejo; o deboche; a injúria dita nas entrelinhas; a difamação sutil; o *pseudoelogio;* a comicidade ultrajante.

**Casuística Nosográfica.** Nas autovivências desta experimentadora, a baixa autoestima cronicificada era responsável pela competição e infantilismo, na busca pela aprovação e reconhecimento dos outros.

**Inveja.** A inveja era emoção usual no microuniverso consciencial, pela avidez em assumir posições de destaque em contextos diversificados. Era inadmissível ser pior que outros indivíduos.

**Vaidade.** A busca dissimulada por *status* maculava o holopensene pessoal e demonstrava a insinceridade das intenções.

**Autocorrupção.** As autocorrupções oriundas do egoísmo e do amor-próprio deficiente tornavam a intencionalidade poluída, criando campo fértil ao megassediador.

**Acidentes.** Ficava assim predisposta a gerar e sofrer miniacidentes de percurso. No entanto, não havendo intenção deliberadamente maligna no comportamento e pensenes desta autora em relação aos outros, felizmente não ocorreram acidentes parapsíquicos no decorrer do autodesassédio.

**Monoideísmo.** Existia a ideia fixa de que era preterida, desprezada ou desvalorizada pelas conscins, levando à tristeza, competitividade e ao desejo de ser alvo de elogios. Muitas lágrimas inúteis.

**Social.** A sensação de ser aquela pessoa cuja opinião não faz diferença dentro do grupo social, de não ter destaque, gerava revolta. A insegurança sobre a autodesenvoltura, simpatia, senso de humor e capacidade de liderança era desencadeadora da inveja. Mero egocentrismo, *tralha* do porão consciencial.

**Consciência.** No início, foi dolorosa a autoconscientização da imaturidade das emoções negativas vivenciadas e que não seria possível debelá-las com facilidade. A cada crise de inveja, eram utilizados todos os artifícios possíveis para a esquiva da sensação desconfortável de *não ser especial* e *não ser amada* por ninguém.

**Gatilhos.** Já eram conhecidas as situações críticas as quais deflagrariam o trafar e buscava-se evitá-las ao máximo. Quando incontornável, renovava-se a esperança de não cair no *mata-burro* novamente. Mas o habitual era ceder à *boca-torta.*

**Anulação.** A situação era amplamente explorada pelo megassediador extrafísico e satélites, instilando cunhas mentais, fomentando o *carregamento nas tintas* dos fatos e a fragilização emocional, quando obtinha poder e facilidade para manobrar, anular os pensenes e deixar esta autora à mercê de vampirizações e semipossessões.

**Repetição.** As crises se repetiram copiosamente, às vezes, no silêncio *amargo.*

**Autocrítica.** A superação da parapsicopatologia de fato ganhou força quando houve compreensão da característica assediadora das autovitimizações anticosmoéticas.

**Benévola.** Decidiu-se, então, pela vivência da satisfação benévola enquanto padrão perene de manifestação, configurando objetivo prioritário no processo de autocura.

**Megafraternidade.** A satisfação benévola é a manifestação espontânea da megafraternidade, e surge quando a conscin já não se preocupa tanto com o próprio ego.

**Sinceridade.** Representa o desejo sincero de ver o sucesso alheio, de vibrar com a alegria dos outros.

**Autoconforto.** Tal situação torna-se factível quando a conscin adquire autoconforto, ou tranquilidade quanto à autoimagem e aos autodesempenhos.

**Recin.** O autoconforto é conquistado quando a autoconscienciometria amadurece, reduzindo o *gap* entre a dimensão real do ego e a autoimagem.

**Harmonia.** A conscin compreende, sem desequilibrar-se, a extensão dos seus trafores e trafares, harmonizando, com pacificidade, o microuniverso consciencial.

**Autocrítica.** A autocrítica, então, torna-se ostensiva. Com o resultado positivo proveniente dos acertos e esforços, a pessoa almeja obter mais de si mesma, tornando-se autoimperdoadora contumaz dos próprios erros.

**Megatrafor.** A descoberta ou o ato de assumir o megatrafor redireciona os interesses para o labor e para a utilidade prática da megaforça.

**Excessos.** É útil entender a própria patologia a fundo a fim de evitar erros futuros. No entanto, a autoculpabilidade e a excessiva imersão na morbidade extinguem a autoestima, produzindo inércia evolutiva.

**Oclusão.** Pela Interassistenciologia, a atividade laboral a partir do megatrafor promove o fechamento da ferida trafarina em *segunda intenção,* ou seja, aos poucos, pela reação do próprio organismo, sem precisar de meios artificiais para a oclusão.

**Autoconfiança.** Ciente do megatrafor pessoal, a personalidade fortalece o respeito próprio condizente à *dignidade.* A autoconfiança é imprescindível para o estabelecimento da satisfação benévola. Extinguem-se a insegurança, a premência em agradar os outros para ser valorizado e a carência afetiva.

**Candura.** Com a satisfação benévola, a conscin *ama* de fato, tem afetividade para doar. Torna-se benevolente e adota a *candura* na convivialidade.

**Atitudes.** Eis, em ordem alfabética, 8 grupos de atitudes e respectivos atos, fatos e parafatos enumerados horizontalmente, relacionados às conscins afeitas à satisfação benévola:

1. **Binômio admiração-discordância.** A convivência pacífica; a interlocução educada; a liberdade de expressão; a democracia; o respeito ao nível evolutivo; a ausência de autocracia; a grupalidade; o debate acalorado produtivo; a argumentação com foco nas ideias, e não na figura do debatedor; o *coniunctio.*

2. **Bom humor.** O riso fácil; o sorriso pacificador; a acolhida alegre; o dia ensolarado sem nuvens; a irreverência; o bom humor no momento

crítico; a desdramatização; a leveza na convivialidade; a euforin contida; a felicidade íntima; o contentamento contagiante; a dissipação dos morfopensenes *pesadões;* a *contenção anticonstrangimento* da autofelicidade.

3. **Força presencial.** O carisma útil; a presença motivadora; a presença desassediadora; o rastro paraterapêutico; a sedução holochacral cosmoética; a força do exemplo; a limpeza energética dos ambientes; o poder de atração usado em benefício dos outros; a força parapresencial; a assistência extrafísica de gabarito; a liderança evolutiva; a arregimentação consciencial produtiva.

4. **Intencionalidade.** A boa intenção; o megafoco cosmoético; a bússola consciencial na direção correta; a ortopensenidade.

5. **Megafraternidade.** A doçura; o amor puro; a candura; a bondade natural; a generosidade; a meiguice; a atitude maternal contextualizada; a atitude paternal contextualizada; o olhar fraterno; o enfloramento das energias; a primavera pensênica; os braços abertos; o abraço afetuoso; o acolhimento; o emprego da interação *tacon (1%)-tares (99%);* a compreensibilidade; a palavra cordial.

6. **Ortopensenidade.** O pensene reto; a linearidade autopensênica; a incorruptibilidade do pensamento; o calculismo cosmoético.

7. **Perdão.** O perdão incondicional; a dissolução das interprisões grupocármicas; a refratariedade ao assédio interconsciencial; a fortaleza íntima; a imperturbabilidade; a reconciliação; o ato de desatar os nós; o ato de perdoar e assistir simultaneamente.

8. **Primener.** A primavera energética; a aura expandida; a contaminação energética paraterapêutica; o contágio da alegria; o *joie de vivre;* a força do olhar; o cipriene; a psicosfera majestosa; a dinamização da força presencial.

**Casuística Homeostática.** A reciclagem intraconsciencial de fato iniciou-se para esta autora quando tomou a decisão irrevogável de não ceder às autocorrupções. O ponto determinante foi *não querer sofrer mais.*

**Atletismo.** Os atletas empenham-se na conquista dos primeiros lugares, competindo com os outros. No atletismo *consciencial,* existe a autocompetição, ou o desafio de superar a si mesmo. O desafio da eliminação dos megatrafares é muito estimulante, pelo grau de esforço, dedicação e obstinação imprescindíveis ao processo da recin autêntica. Corre-se *1 maratona* na recin diária.

**Automotivação.** *Vencer-se* tornou-se objetivo superestimulante, lúdico inclusive, no caso desta consciência em estudo.

**Minimização.** Foram estabelecidas técnicas úteis a serem utilizadas antes, durante e após as crises, com o fito de minimizar a problemática. Havia lucidez quanto à necessidade de ter paciência e persistência até o êxito definitivo.

**Técnicas.** Eis, em ordem alfabética, 8 técnicas utilizadas pela autora na obtenção da satisfação benévola:

1. **Amparadores.** Reposicionar os fatos e parafatos sob o ponto de vista dos amparadores. *Como agiriam os amparadores nesta situação?*

2. **Antiegoísmo.** O raciocínio crítico durante a manifestação trafarística, buscando redimensionar a situação conforme o questionamento: *eu deveria estar me preocupando comigo ou com o bem dos outros, agora?* A resposta desmascara o egoísmo.

3. **Autoconforto.** Refletir sobre como seria confortável viver sem o megatrafar. Tal atitude é automotivante.

4. **Autopensenização.** No momento da crise, substituição imediata dos pensenes doentios por pensenes megafraternos, em atitude *calculista* cosmoética. Tais ortopensenes podem ser listados e mantidos à mão, para consultas eventuais. Escolher um ortopensene prioritário para o período. Por exemplo: *quando imatura(o), pensarei em megafraternidade, durante este mês.*

5. **Desperto.** Estabelecer a cosmovisão, saindo do acanhamento autopensênico, refletindo: *como o ser desperto agiria nesta situação?* A resposta é autoconvincente, na maioria das vezes, e leva à correção imediata do erro. *Esta técnica foi a mais eficiente no caso pessoal.*

6. **Megatrafor.** Realizar trabalhos condizentes ao perfil de personalidade, no âmbito do megatrafor. Ocupar o tempo livre e ocioso com interassistencialidade aplicada.

7. **Reflexão.** Reflexão profunda sobre a importância de adquirir notoriedade junto aos *amparadores*, através da interassistencialidade, e não junto

à opinião pública ou ao grupo social. Quem busca aplausos dos imaturos, nivela-se sempre por baixo.

8. **Registro.** O registro e reflexão das vivências, buscando realizar o cotejo entre as condutas maduras ideais e as imaturas experimentadas.

**Percentuais.** A autocura ocorre gradativamente, através de *percentuais de vitória* na superação do megatrafar.

**Transformação.** Com os esforços, diversos momentos anteriormente críticos tornam-se naturais e positivos. A quantidade de surtos decresce até desaparecer.

**Paciência.** Megatrafares não se resolvem instantaneamente, pois têm raízes mais profundas no microuniverso consciencial. Portanto, é preciso paciência e perseverança, *ad augusta per angusta*. A conduta fixada ao longo de *vidas* não se dissolve em questão de *dias*.

**Autopesquisa.** A autopesquisa minuciosa elimina as *surpresas* quanto aos trafores e fissuras pessoais, e oferece segurança para o acolhimento das heterocríticas, justas ou desarrazoadas, provenientes de conscins e consciexes, positivas ou mal-intencionadas. A conscin define a própria identidade e ajusta a autoimagem à verossimilhança dos *fatos*.

**Antecipação.** A pessoa já não fica afoita para ser indicada para funções de *status* ou cargos notáveis. Conhece a própria linha de atuação e antecipa passos futuros. Faz assistência o quanto pode no momento, aguardando os lances seguintes.

**Minipeça.** Ninguém deixa de cumprir a programação existencial porque outras conscins não lhe deram oportunidades. Se o assistente estiver funcionando enquanto minipeça real, mantendo relações cordiais e pacíficas no grupo, tudo acontecerá a contento, dentro do fluxo cosmoético do Cosmos.

**Autoconfiança.** No caso pessoal, verificando a factibilidade da recin, elevou-se a autoconfiança nos desempenhos gradativamente, ano após ano, havendo compreensão plena quanto à extensão das lacunas trafarísticas, porém também quanto ao poder de erradicá-las.

**Trafor.** O trafor otimizador da reciclagem, para esta autora, foi a inexorável *vontade de acertar*.

**Cura.** Consequentemente, vendo os resultados da evolução no microuniverso consciencial, aos poucos estabeleceu-se a *cura* do megatrafar aqui dissecado. O resultado palpável das vitórias graduais ficou expresso pela crescente expressão de estabilidade emocional, altruísmo e afetividade sincera pelas pessoas.

**A VERDADEIRA FELICIDADE ESTÁ EM TERMOS SEMPRE SERVIÇOS ASSISTENCIAIS CRIATIVOS A DESEMPENHAR.**

**Paciência.** A certeza quanto aos trabalhos a serem desempenhados, com o megatrafor pessoal, leva à compreensão da importância da paciência, do serviço assistencial compatível com o momento evolutivo e do aproveitamento do período atual para aquisição de maior maturidade. Se a vida oferece tempo para o amadurecimento, qual o motivo de existir precipitação? Há *sabedoria* no cronograma da proéxis.

**Correção.** Atualmente, se há qualquer indício de recaída, esta autora procura manter o autocontrole e corrigir a pensenidade imediatamente, ou tão rápido quanto conseguir, *não admitindo* permanecer no erro, *não consentindo* a obnubilação da racionalidade, *não permitindo* a fixação egoica na imaturidade.

**A SATISFAÇÃO BENÉVOLA CONDUZ AO CONFORTO ÍNTIMO E À CENTRAGEM CONSCIENCIAL, SENDO A TEÁTICA DA EUTIMIA.**

**Questionário.** Você já aquilatou o real nível de sua inveja ou satisfação malévola, buscando eliminá-la, e, assim, autodesassediar-se? Ou é inautêntico, evitando admitir ter este *trafar-tabu,* mantendo-o com muita dissimulação junto aos assediadores?

# 06. Contraponto
## *Semipossessão Patológica / Semipossessão Benigna*

**Definição.** "*Semipossessão patológica* é o estado do governo consciencial temporário, ou por frequentes períodos, da consciex, ou grupo de consciexes, sobre a conscin, homem ou mulher." (**Vieira**; W.; ***Homo sapiens reurbanisatus***; CEAEC; Ed. *Princeps*; Foz do Iguaçu, PR; página 434).

**Sinonímia:** 1. Semipossessão maligna. 2. Heterocontrole espúrio. 3. *Congressus subtilis* recorrentes. 4. Estado do morto-vivo. 5. Anulação da autopensenidade. 6. Estado do governo consciencial bifronte. 7. Simbiose anticosmoética. 8. Assédio extrafísico. 9. Obsessão extrafísica. 10. Obsediação.

**Antonímia:** 1. Semipossessão benigna. 2. Interdependência consciencial. 3. Autodomínio holossomático. 4. Desperticidade. 5. Desassédio. 6. Desobsessão.

**Definição.** *Semipossessão benigna* é o estado controlado e permitido de utilização temporária do holossoma da conscin sensitiva pela consciex, seja amparadora ou assistida, gerando saldo positivo quanto à interassistencialidade.

**Sinonímia:** 1. Semipossessão homeostática. 2. Passividade alerta. 3. Tenepes.

**Antonímia:** 1. Semipossessão patológica. 2. Subserviência. 3. Possessão interconsciencial. 4. Zumbificação.

**Paraepidemiologia.** A semipossessão patológica ocorre com maior frequência em mulheres, tornando-se explícita, em geral, após a puberdade. Também incide na população masculina, mais evidenciada, em particular, nos sensitivos.

**Empirismo.** Tais dados concernentes à paraepidemiologia do distúrbio em questão são frutos da observação empírica de pesquisadores da fenomenologia parapsíquica em todo o mundo; contudo, o levantamento detalhado dos dados ainda carece de maior rigor científico.

**Relevância.** A despeito do gênero somático, as interprisões grupocármicas, a anticosmoética, as autocorrupções e a imaturidade no domínio do parapsiquismo são os elementos de fato relevantes para o afloramento da semipossessão patológica.

**Parapsiquismo.** O parapsiquismo evidencia e expõe com transparência as refolhadas marionetagens extrafísicas, incitando a conscin às mudanças de conduta imediatas; sem as parapercepções, as manipulações xenopensênicas perniciosas poderiam passar despercebidas, tomadas quais *ideias inatas.*

**Domínio.** Portanto, há de se ter domínio do parapsiquismo, fazendo-o atuar em favor de si mesmo e dos outros, evitando o uso inapropriado dos talentos paraperceptivos para a sedimentação de assédios interconscienciais.

**Maiores.** Eis, em ordem alfabética, 12 *critérios maiores* orientando o paradiagnóstico de assédio extrafísico cronicificado, com semipossessão ou até possessão maligna:

01. **Chacras.** Ato de levar a mão ao cardiochacra inúmeras vezes ao dia, como hábito.

02. **Destrutividade.** O comportamento súbito agressivo da conscin, destruindo objetos, móveis, revirando a casa, provocando incêndios (piromania), ferindo a si mesma e outras pessoas.

03. **Força.** O afloramento explícito da personalidade do assediador através da conscin, com alteração da voz, atitude e face, inclusive chegando a multiplicar várias vezes a *força física* do semipossesso. Este fato é evidente, por exemplo, na mulher de compleição delicada, quando adquire imensa força bruta capaz de derrubar vários homens, durante a incorporação da consciex assediadora.

04. **Homicídio.** O homicídio com arrependimento ou retomada da lucidez posterior. Neste caso, já pode haver possessão total. Vale lembrar: o semipossesso *permite* a incorporação do assediador extrafísico. A responsabilidade pelo ato é de ambos, mesmo considerando-se os atenuantes.

05. **Neurologia.** Em especial, 2 doenças:

A. **Epilepsia.** As crises epiléticas tônico-clônicas e mesmo o *pétit mal* (ausências) representam graus diferenciados de perda do controle da conscin ante os cobradores extrafísicos e as retrocognições patológicas por eles evocadas. As semipossessões malignas podem compor o quadro ou não, mas a presença de processo assediador crônico é fato corriqueiro. A *aura epilética* é o sinal paraclínico clássico denunciador da aproximação e interfusão energética vigorosa da consciex enferma, perseguidora, com a conscin vítima.

B. **Narcolepsia.** A vivência do distúrbio da *narcolepsia*, doença na qual a pessoa apresenta sonolência excessiva extemporânea, podendo dormir em situações diversas: durante aulas, conferências, exercendo atividade repetitiva, na direção de automóveis, entre outros. Pela Parassemiologia, observa-se maior tendência às crises quando a conscin encontra-se em atividades de desenvolvimento intelectual ou durante tentativas de esclarecimentos e expansão da lucidez promovidas por amparadores intrafísicos e extrafísicos. Os assediadores extrafísicos *tiram a conscin do ar*, mantendo-a cativa de hetero-hipnoses.

06. **Pesadelos.** Pesadelos recorrentes de perseguição ou terror noturno.

07. ***Poltergeist.*** As escalafobéticas atividades telecinéticas do *poltergeist,* a exemplo do arremesso e destruição de objetos, batidas e arranhaduras audíveis, levitação de móveis, parapirogenia, materialização de excrementos, traumas físicos, dentre inúmeras outras provas já documentadas pela literatura, cujo epicentro doador de ectoplasma em geral é a criança, pré-adolescente ou adolescente, moça ou rapaz, morador da residência acometida. Os parafenômenos costumam acompanhar o sensitivo-epicentro quando o mesmo muda de cômodo ou residência. (v. **Kardec**, A.; ***A Obsessão: origens, sintomas e cura;*** O Clarim; 7ª. Ed.; Matão, SP; 2004; páginas 30, 36, 50, 51 e 124).

08. **Psiquiatria.** Grande parte dos transtornos psiquiátricos, em tese, poderia ter relação causal direta com a assedialidade crônica, com a semipossessão maligna ou com a possessão total. Eis 5 exemplos críticos, ilustrativos:

A. **Esquizofrenia.** As alucinações visuais e auditivas, as crises persecutórias, a erotomania e os surtos psicóticos enquanto efeitos graves e mesmo irreversíveis do assédio extrafisico. Há *retrocognições doentias* e assediadores extrafísicos sendo encarados pela Psiquiatria como meros fenômenos alucinatórios (v. **Neto**, J.; *Memórias de um Sanatório;* Litteris; Rio de Janeiro, RJ; 2003; páginas 41, 52, 54 e 127).

B. **Manias.** O surto maníaco do bipolar culminando em ninfomania ou satiríase, compulsões consumistas, atos desvairados ou mesmo em tragédia.

C. **Mitomania.** O vício incontrolável de mentir e inventar fantasias. Quem está pensando pela conscin?

D. **Pânico.** A síndrome do pânico.

E. **Sociopatia.** Os transtornos de personalidade, em especial, a sociopatia.

**Psicopatia.** O ser frio, amoral, não raro inteligente, sem qualquer indício de remorso quanto aos atos criminosos praticados não necessariamente sofre semipossessão patológica ou possessão total; ele pode ser o próprio *megassediador.*

09. **Sexolismo.** O *modus vivendi* pessoal ao modo da *pombagira* ou do *exu* (entidades extrafísicas amorais, denominadas assim pelas religiões sincréticas afro-brasileiras), cultivando seduções sexochacrais despudoradas, fantasias sexuais constantes e comportamento amoral.

**Mulheres.** Na mulher, em especial, a aparência e expressão comportamentais podem denunciar a condição de *conscin-pombagira,* como nos itens exemplificados a seguir:

A. **Vestuário.** Sumário e provocante. Preferência habitual, no dia a dia, por decotes escandalosos, costas nuas, abdome à mostra, minissaias, *shorts* curtos e roupas colantes, por exemplo.

B. **Maquiagem.** Forte, carregada.

C. **Adereços.** Excessivos. Uso de balangandãs, numerosas pulseiras barulhentas, argolas grandes, anéis vistosos em profusão. Saltos *altíssimos* quase sempre, *tamancos* vulgares.

D. **Cores.** Uso de cores vibrantes como o vermelho-sangue compondo amiúde o visual, inclusive na cor dos *esmaltes* de unha.

E. ***Kitsch.*** Tendência ao *kitsch,* em geral (mau gosto).

F. **Linguajar.** Obsceno, chulo. Uso de expressões populares de mau gosto e vocabulário vulgar.

G. **Colóquio.** Sexo e pornografia são temas recorrentes nos diálogos.

H. **Sedução.** O costume de atirar-se para os homens em geral, sejam eles casados ou solteiros.

I. **Danças.** O gosto em exibir-se publicamente através de danças eróticas. No Brasil, há o *funk,* a lambada, a *dança da garrafa,* dentre outras (ano-base: 2009).

J. **Festas.** Frequência assídua em festas populares, nas quais buscam sexo casual com diversos parceiros. Exemplo típico: carnaval.

K. **Drogas.** Consumidora de álcool, tabaco ou entorpecentes.

**Homens.** No caso dos homens, o comportamento promíscuo e as perversões sexuais baseadas no cultivo de fantasias, o bifrontismo, o convívio anticosmoético com o submundo, o alcoolismo, a drogadição, as jogatinas, a marginalidade, as trapaças e os golpes dão a tônica da *conscin-exu.*

10. **Sinalética.** A alteração imediata das energias do ambiente para pior com a chegada da pessoa. A identificação do distúrbio pode ocorrer pelas consciências lúcidas, através da sinalética parapsíquica pessoal, sendo o sinal, em geral, *desconfortável.* Ruídos, tinidos, gritos e zumbidos *agudíssimos* permeiam a clariaudiência e a sinalética quando ativadas pelos enfermos extrafísicos.

11. **Sonambulismo.** O sonambulismo habitual, no qual a conscin:

A. **Agressividade.** Comporta-se com agressividade e com atitudes diferentes do temperamento habitual, quando sonâmbula.

B. **Armas.** Pode munir-se de faca, canivete, arma de fogo, inclusive causando acidentes.

C. **Cacolalia.** Profere palavras chulas, xingamentos, pornografia e usa linguajar diferente do habitual.

D. **Catalepsia.** Fica cataléptico, com olhos vidrados.

E. **Emocionalismo.** Gargalha ou chora. Assume condutas de raiva, irritação, sarcasmo, malícia ou maldade.

F. **Expressão.** Modifica a expressão e traços faciais.

G. **Palidez.** Apresenta-se excessivamente pálida.

H. **Perigo.** Dirige-se a lugares perigosos, tentando alcançar portas, janelas e sacadas de locais altos.

I. **Timbre.** Monologa com alterações do timbre de voz, podendo gerar vocalizações infantis, masculinas ou femininas (xenofonia).

J. **Vitupérios.** Grita, pragueja e vocifera vitupérios.

K. **Xenoglossia.** Emite informações descabidas em outros idiomas, por vezes não conhecidos ou dominados.

L. **Zumbificação.** Comporta-se enquanto zumbi, hipnotizado.

12. **Suicídio.** A tentativa de suicídio, com a conscin portando-se fora do juízo normal. Às vezes, ela pode ser despertada do transe e salva na *hora H* pela intervenção dos amparadores, quando ainda há condições intrapsíquicas do semipossesso para admitir tal intervenção. O *suicídio indireto* pode ser realizado através de sugestões perniciosas de assediadores *anuídas* para o consumo de venenos legitimados (tabaco, álcool) e ilegais (tóxicos), do recrudescimento de autoculpas extremadas e da adoção de comportamentos bizarros para o entorpecimento da força vital, a exemplo dos gatilhos para transtornos alimentares.

**Menores.** Eis, em ordem alfabética, 18 *critérios menores*, complementares ao paradiagnóstico de assédio cronicificado com semipossessão ou possessão maligna, úteis especialmente quando associados aos critérios maiores:

01. **Acidentes.** A ocorrência de acidentes de percurso, mal-estar ou achaques quando a conscin decide empreender mudanças positivas de vida e dos pensenes.

02. **Amparadores intrafísicos.** A vivência de miniacidentes de percurso pelas conscins amigas, amparadoras intrafísicas, quando há possibilidade concreta delas virem a prestar esclarecimentos ao ser

assediado, ou incitar-lhes inspirações de reciclagens intraconscienciais. As consciexes subjugadoras promovem os distúrbios com o fito de *contenção de assistência* à vítima.

03. **Antagonismos.** Os antagonismos manifestos em momentos inoportunos. A pessoa do contra, agitadora, desordeira, entrópica é o exemplo típico.

04. **Autoflagelação.** Ocorrência de surtos de autoflagelação com cacos de vidros, garfos, facas, cintos, mordidas.

05. **Autoindisciplina.** A recalcitrância na autoindisciplina.

06. **Baixa autoestima.** O holopensene pessoal cronicificado e *sedimentado* de baixa autoestima.

07. **Desviologia.** A descontinuidade e desvio das tarefas da proéxis, sendo fuga às responsabilidades do desiderato pessoal. O buscador-borboleta assumido, mulher ou homem, não fixando nenhum conjunto de princípios sérios e cosmoéticos para viver, nem linha de atuação madura predominante, representa a condição antiproéxis *profissional*.

08. **Discórdia.** O clima de discórdia instalado por onde vai e com quem interage.

09. **Emoção.** O pensene carregado no *sen*.

10. **Fuga.** O ato da conscin entrar e sair do ambiente de energias positivas a todo momento, seja para ir ao banheiro, copa ou justificando outras razões. A pessoa, pressionada pelos assediadores, sente-se *incomodada* quando exposta aos agentes amplificadores da consciencialidade.

11. **Gafes.** A predisposição às *gafes* e vivências constrangedoras.

12. **Impulsividade.** A tendência à irreflexão, precipitação e impulsividade em situações críticas, gerando, com frequência, saldo negativo.

13. **Macro-PKs.** A ocorrência de macro-PKs destrutivas, acidentes de percurso maiores, com risco iminente de dessoma. Desencadeamento de efeitos físicos parapsíquicos deletérios.

14. **Misticismo.** A predileção pela conduta mística, religiosa ou infantil quanto à evolução consciencial e à multidimensionalidade, refletindo a mentalidade primária e automimética da conscin.

15. **Olhar.** A desvitalização do olhar, no qual nota-se opacificação ou enevoamento, sem qualquer alteração orgânica subjacente, assim como o olhar de *cachorro-louco*.

16. **Pesquisa.** O interesse pessoal por temas de pesquisa negativos ou duvidosos, e a atenção exagerada à Sexologia.

17. **Predisposição.** A predisposição pessoal a sofrer assaltos, acidentes de carro, fraturas, ferimentos, tragédias e distúrbios em geral (*accident proneness*).

18. **Soma.** O enfraquecimento de fâneros e a tendência ao excesso de peso ou à anorexia.

**Autorrepresentação.** Certas *pseudoincorporações* podem exprimir-se face à representação da conscin de personalidade vivida por ela mesma no passado, qual *incorporação egocêntrica do próprio eu,* sem consciexes envolvidas, a princípio.

**Carência.** Outros casos de falsa semipossessão são derivados de imaginação delirante aliada às psicopatologias intratadas, com objetivo único de *chamar a atenção.* Situações assim repetidas, entretanto, são evocadoras de assédios extrafísicos reais.

**Lubricidade.** A abordagem das consciexes desequilibradas grande parte das vezes é de ordem lúbrica, com vampirizações sexuais contínuas, seja no período da vigília física ordinária, seja no período do sono, quando ocorre a decolagem parcial ou total do psicossoma do corpo humano.

**Aprisionamento.** Em geral, há o aprisionamento da conscin na esfera extrafísica de energia, próxima ao soma, pelos assediadores, mantendo-a descoincidente, e mesmo em estado de catalepsia projetiva patológica, para permitir a semipossessão negativa, a vampirização energética e a *lavagem paracerebral.*

**Prisão.** Não há interesse dos algozes na libertação da consciência da matéria pela projeção consciente lúcida para visita a ambientes extrafísicos positivos e contatos com amparadores; qualquer *con,* ou unidade de lucidez, readquirido representa ameaça de libertação da *presa.*

**Baratrosfera.** Com a projeção do psicossoma, a conscin projetada é levada pelas consciências extrafísicas escravizadoras a ambientes baratrosféricos nas cercanias da Terra, onde se torna participante de orgias extrafísicas (*congressus subtilis*), curras e outras manifestações de teor sexual desenergizantes e poluidoras.

**Intermissão.** A situação reproduz certos parafatos ocorridos na intermissão de determinadas consciências, subjugadas e mantidas aprisionadas à baratrosfera.

**Efeitos.** Tais projeções têm como efeito pesadelos recorrentes, noites maldormidas, cansaço diário, pensenes sexuais predominantes, masturbações frequentes sem obtenção de satisfação sexual, afastamento de pretendentes afetivos pelo estado de repulsividade energética da conscin.

**Amparadores.** Toda projeção consciente favorecida *a custo* pelos amparadores a ambientes extrafísicos positivos, no panorama delineado, deve ser considerada qual rara oportunidade para aumento da lucidez e da força para a superação da problemática. É oportunidade de *ar puro* para a consciência, vivendo viciada sob os eflúvios *pantanosos* do assédio extrafísico. O auxílio providencial denota mérito na ficha evolutiva da conscin, e pode ser indício de participação recente em curso intermissivo.

**Psiquiatria.** Certos distúrbios psiquiátricos têm nos *congressus subtilis*, ocorridos amiúde, os agentes causais dos desequilíbrios. O doente, mulher ou homem, pode piorar ou apresentar os pródromos de determinados Transtornos de Personalidade principalmente a partir da puberdade.

**Paradoxo.** As energias gravitantes da conscin assumem caráter ambíguo; podem se apresentar, ao mesmo tempo, vivazes, em decorrência da força presencial pessoal, e corrompidas, pelo uso indevido, degradante, do energossoma. Eis o paradoxo: a pessoa é, ao mesmo tempo, *atraente* e *repelente*. Comunica aos outros presença marcante, mas também mal-estar. Por exemplo, a *moça* de plástica irrepreensível, contudo, repulsiva, pelas vampirizações energéticas irreprimidas, constrangedoras.

**Possessão.** Segundo Vieira (v. ***Homo sapiens reurbanisatus;*** CEAEC; Ed. *Prínceps;* Foz do Iguaçu, PR; página 435), se não ocorre resolução da parapsicopatologia antes da terceira idade, a tendência é a cronicificação e o prognóstico sombrio, com o advento da possessão interconsciencial completa, criando conscins zumbis, mortas-vivas, ou francamente psicóticas.

**Interprisão.** Sob a ótica da Holocarmologia, as interprisões grupocármicas ocorridas em vidas anteriores têm como resultado o assédio cronicificado na vida humana atual, com a conscin-vítima possuindo responsabilidade ante o fato. Não há somente vitimizados, nem somente algozes na interprisão grupocármica; a lei de ação e reação do Cosmos explicita os *comparsas anticosmoéticos.*

**Abordagens.** Configuram-se, a seguir, 2 tipos de inter-relações entre a consciex semipossessora ou possessora e a conscin parapsíquica dominada:

1. **Dominação.** Subjugação da vítima humana ao algoz incorpóreo, entregando-lhe debilmente o soma.

2. **Autoridade.** Quando o médium, mulher ou homem, estranhamente possui alguma autoridade de mando em relação ao semipossessor, por injunções de vidas pretéritas, fato não impedindo, no entanto, o parafenômeno da incorporação negativa.

**Paraetiologia.** A paraetiologia da semipossessão é multivariada, no entanto, tem sempre base na anticosmoética e na autocorrupção dos envolvidos.

**Paixão.** Quando o caso relaciona-se a conscins-vítimas mulheres e assediadores de aspecto androssomático (íncubo), muitas vezes é devido a antigo caso de paixão e posse, levando o antigo amante a cercar a *fêmea* que, em sua concepção doentia, pertence-lhe. Paixão possessiva é ódio (*Síndrome da Ectopia Afetiva*). Pergunta *incômoda:* a mulher em questão fora *cruel,* sedutora anticosmoética, contumaz no desprezo ou descarte de *homens cativos?*

**Pretendentes.** A conscin assediada dificilmente consegue manter relacionamentos afetivos ou atrair pretendentes, devido ao cerco violento do assediador-líder e asseclas, ao desequilíbrio e à carência energética já mencionados.

**Soma.** As vampirizações sexuais geram mudanças no aspecto somático para pior, por drenar as forças vitais e comprometer a psicosfera da pessoa. As consequências podem ser cabelos quebradiços, pele manchada, maltratada e sem viço, peso excessivo ou anorexia e olhos sem brilho. Tal fato ocorreu com esta autora, sendo observada notória melhora da aparência física e energética após o autodesassédio.

**Dreno.** Não só o indivíduo vive vampirizado como se torna verdadeiro dreno humano de energias, para tentar recompor o próprio energossoma desvitalizado. O feito pode ser realizado de maneira inconsciente.

**Patognomônico.** Por vezes, pode simbolizar *sinal patognomônico* da vampirização energética extrafísica habitual o ato da conscin levar repetidamente a mão ao cardiochacra no dia a dia, buscando de modo precário obter suposta proteção para o chacra avariado. Este vórtice é o mais afetado, em função da emocionalidade a ele vinculada, sendo local de atracamento e sorvedouro energético pelas conseneres.

**Doenças.** Doenças físicas são externadas, decorrentes dos anos de exposição ao assédio extrafísico cronicificado, com desvitalização de órgãos e sistemas orgânicos.

**Dessoma.** No nível crítico de drenagem energética na qual já ocorre a simbiose, ou a interfusão energossomática crônica entre assediador e assediado, homem ou mulher, com forte dependência energética entre ambos, as consciências envolvidas não podem ser afastadas intempestivamente, pois há o risco de gerar danos irreversíveis à saúde da conscin. A *dessoma prematura* é a consequência temida na paraterapêutica desassediadora, podendo ocorrer quando a retirada do assediador é feita de chofre.

**Cronêmica.** Portanto, no autodesassédio, há de se respeitar o tempo necessário para o desenlace gradual e progressivo das interconexões energéticas nocivas, mantendo, no entanto, a dedicação pessoal *full time* no objetivo da renovação íntima. Fazendo a nossa parte, os amparadores se encarregam do resto.

**Autoestima.** O estado de permanente carência afetivo-sexual, a má aparência, a *sinistrose* e a anulação pensênica promovem a derrocada da autoestima da conscin.

**Cunhas.** As autoculpas enraizadas no microuniverso consciencial são terreno fértil à inserção de cunhas mentais assediadoras, propagadoras de ideias de derrotismo e desesperança.

**Autoassédio.** Importante lembrar que, antes do heteroassédio, a maior *doença* da conscin semipossessa é o *autoassédio*. O esforço para a autocura das fissuras mentais recalcitrantes, das autoculpas e do *medo* de assediadores é o primeiro passo para a superação da semipossessão patológica.

**Amparadores.** Nem mesmo os amparadores conseguem abordar a sensitiva ou sensitivo *leviano* quando atado em demasia aos possessores extrafísicos pelas afinidades pensênicas baratrosféricas. A lei é clara, os afins se atraem. O ser parapsíquico deve empenhar-se para merecer companhias melhores.

**Heterodesassédio.** O autodesassédio também é *heterodesassédio:* auxiliamos na libertação do assediador da infeliz condição de loucura extrafísica e estagnação evolutiva, boa parcela causadas e corroboradas, não supreendentemente, *por nós.*

**Curso Intermissivo.** Quando a conscin vitimizada é ex-aluna de curso intermissivo, torna-se hipercrítica e imperativa a reciclagem intraconsciencial com o autodesassédio, a fim de assegurar a *sanidade* e a proéxis.

***Acid Test.*** A presença da consciex doentia, com a convivência *revivida,* é verdadeiro *acid test* para o intermissivista, mulher ou homem.

**Agilização.** A personalidade já possui lucidez e inteligência evolutiva suficiente para *agilizar* e *acelerar* a resolução do imbróglio com os companheiros *mafiosos* do passado. Há predisposição ao perdão e à reeducação consciencial.

**Pusilanimidade.** Cenário lamentável descortina-se quando intermissivistas, mulheres e homens, renascendo motivados para a execução do desiderato pessoal, reencontram os assediadores, provas vivas do passado de tropeços, e recuam pusilânimes, encastelando-se nas autoculpas, fugindo ao autoenfrentamento. Prostituem a pensenidade, primeiramente; depois, entregam o holossoma; por fim, corrompem a proéxis e a própria saúde mental.

**Incompléxis.** A consequência infausta é a perda da oportunidade intrafísica para a megagescon, levando a conscin ao incompléxis.

**Fracasso.** O fracasso no autodesassédio, quando diz respeito ao intermissivista, tem peso negativo maior na ficha evolutiva pessoal, pois há recursos consistentes de toda ordem auxiliando a conscin a superar a situação, dependendo única e exclusivamente *dela* a motivação e o empenho para sair-se bem do entrevero.

**Despertamento.** Em função dos agravantes, é prioritário o despertamento dos intermissivistas vitimizados por assediadores extrafísicos, acomodados na autocorrupção e no medo. Se você se encaixa neste perfil, reflita: ***sua proéxis é importante para todos nós.*** Se você permanecer assediado, não será possível contar com seu trabalho e talentos para a melhoria da consciencialidade no Planeta. Portanto, busque a renovação no *aqui-agora-já*.

**Casuística nosográfica.** Dentro do caso pessoal, a semipossessão patológica era evidenciada nas 14 situações seguintes, em ordem alfabética:

01. **Autoestima.** Baixa autoestima, crônica.

02. **Buscador-borboleta.** Indefinição pessoal quanto à linha de atuação.

03. **Carência.** Carência sexual; dificuldade para encetar relacionamentos afetivos.

04. ***Congressus subtilis.*** Lembrança viva de participações em *congressus subtilis*.

05. **Energias.** Entropização das energias do ambiente, sendo percebida pelas consciências atentas à sinalética.

06. **Gafes.** Por exemplo, derrubar objeto com enorme alarde durante conferência pública ministrada por eminente professor, em auditório lotado, cujo efeito foi o redirecionamento de todos os olhares para esta autora e momentânea interrupção da palestra.

07. **Impulsividade.** Surtos de impulsividade e agressividade verbal.

08. **Inquietude.** Entradas e saídas frequentes de ambientes intrafísicos equilibrados, sem conseguir sossego.

09. **Misticismo.** Temperamento voltado para o misticismo.

10. **Monólogos.** Verbalização, durante a madrugada, com xenofonia, de palavrões, expressões infantis irritadas, risos e chamamentos de nomes desconhecidos.

11. **Pensenidade.** Falta de retilinearidade dos pensenes.

12. **Pesadelos.** Sonhos pesadelares; rememoração de parafatos envolvendo ameaças assediadoras e hipnoses extrafísicas.

13. **Somática.** Desvitalização de fâneros, da pele e do olhar; excesso de peso.

14. **Sonambulismo.** Tentativa de abrir janelas e portas; andanças pela casa, inclusive na escada; aspecto zumbificado, olhos injetados e vidrados.

**Amparadora.** A identificação e revelação da parapatologia foi realizada pela conscin R., mulher conhecedora das energias conscienciais e da multidimensionalidade, durante curso de imersão de Conscienciologia em 1998, quando dividiu o mesmo aposento com esta autora e outras 2 moças.

**Acidente.** R. sofreu queda e escoriações leves na véspera de sua vinda ao curso.

***Flash.*** No primeiro dia do evento, esta conscin recolheu-se cedo e R. voltou depois. Ao abrir a porta, ela viu clarão vermelho espocar qual *flash,* iluminando por breves instantes o ambiente. As outras moças dormiam e nada perceberam.

**Monólogo.** Depois, ouviu gargalhadas, viu a consciex doente de aspecto masculino presente no local, e notou esta autora sentada no leito, verbalizando frases em tom irritadiço.

**Exteriorização.** R. sentou-se perto e mobilizou as próprias energias, exteriorizando-as. O ambiente foi serenizando aos poucos, proporcionando cessação do monólogo e retomada do sono interrompido.

**Inconsciência.** Não foi guardada qualquer recordação pessoal do fato, descrito aqui a partir de informações reveladas pela própria R., na ocasião.

**Revelação.** R. foi discreta, relatando a situação somente ao prof. Waldo Vieira, parapsíquico experiente, no dia seguinte. Esta autora soube do assunto através dele, neste mesmo dia, em conversa particular.

**Paradiagnóstico.** A revelação causou muita surpresa, pois não se tinha lucidez do grave parafenômeno que ocorria amiúde. Outros quadros similares vivenciados foram relembrados na ocasião, corroborando o paradiagnóstico.

**Dúvida.** Surgiu a dúvida irreprimível: haveria chance de *cura?*

**Recin.** A partir desta ocasião, a recin foi priorizada com toda garra, obtendo-se sucesso no autodesassédio pouco tempo depois.

**Atitudes.** Eis 16 atitudes técnicas, em ordem alfabética, a serem adotadas para a evitação e a completa extinção da semipossessão patológica:

01. **Amparadores.** Angariar a simpatia dos amparadores através da interassistencialidade e dos exemplos de autorrenovação.

02. **Assistencialidade.** Empregar o autoparapsiquismo na assistência, superando o medo da multidimensionalidade e das consciências extrafísicas enfermas.

03. **Autoconfiança.** Confiança realista na possibilidade de *cura* e na capacidade de mudança.

04. **Autodeterminação.** Eliminação de autoculpas e autovitimizações, encontrando na determinação pessoal e na *laborterapia* o arrimo para as recins, superação do infantilismo e da pusilanimidade. *O ócio cria pecadilhos mentais.*

05. **Chamamento.** Instruir o parceiro ou parceira afetiva, ou outra pessoa de convivência estreita, a chamar firmemente o *nome* da conscin vitimizada quando semipossuída, exigindo o imediato retorno ao soma.

06. **Coragem.** Eliminação da tanatofobia e da enissofobia (medo de receber críticas) e cultivo da coragem.

07. **Energias.** Busca autodisciplinada do domínio das energias, do estado vibracional, melhorando a autodefesa, as exteriorizações energéticas e promovendo desbloqueios holochacrais, em especial, dos chacras da cabeça.

08. **Megafraternidade.** Pensar o bem das pessoas enquanto hábito diuturno sedimentado.

09. **Megatrafores.** Pesquisa dos megatrafores pessoais e uso para a materialização de gestações conscienciais. Com os resultados obtidos, há incremento da autoestima e do equilíbrio emocional.

10. **Mentalsomática.** Inclusão de maior carga de estudos e leitura na rotina, fortalecendo o mentalsoma e eliminando os altos e baixos emocionais. Os assediadores extrafísicos não gostam de *incursões mentaissomáticas prolíficas,* expansoras da autolucidez.

11. **Otimismo.** Condução autodisciplinada da vida com otimismo, positividade e esperança no porvir, combatendo a sinistrose.

12. **Pensenes.** Esforço para a manutenção de pensenes cosmoéticos, eliminando, ao máximo, os pecadilhos mentais. O patopensene é o plugue com os assediadores; o ortopensene é o acesso direto aos amparadores extrafísicos. As *companhias* denunciam a qualidade dos pensenes pessoais.

13. **Perdão.** Perdão sincero, e também ajuda, aos assediadores, guias cegos e demais consciências com as quais haja ainda interprisão grupocármica, antigos amigos e cúmplices de imaturidades, hoje marginais à evolução e necessitando de bons exemplos para fazerem as próprias renovações íntimas.

14. **Recin.** Dedicação intensa, com total sinceridade íntima e autocrítica, às recins.

15. **Rotina.** Mudança de hábitos, determinando novas prioridades e implementando autodisciplina na rotina diária.

16. **Soma.** Assumir o comando do próprio soma, bloqueando o heterocontrole indesejável. Afirmar enfaticamente quando sentir-se na iminência de subjugação: *este é o **meu** corpo, eu sou a **dona** (ou **dono**), **ninguém** tomará posse dele sem meu consentimento.*

**Acumpliciamentos.** Há consciexes enfermas inconformadas quanto ao fato do antigo colega de *marginalidade,* homem ou mulher, ser aluno ou ex-aluno, ativo e esclarecido, de curso intermissivo. Dos acumpliciamentos mal-intencionados de outrora emergem os assediadores de hoje, *ex-grandes amigos.* Em tempo: estão sendo gerados novos acumpliciamentos anticosmoéticos *hoje?*

**Evitação.** É imperioso evitar a criação de novas interprisões grupocármicas na atual vida humana. A desperticidade assim o exige. A conscin lúcida busca consertar os erros anteriores, e não gerar novos.

**Responsabilidade.** Quem cobra os outros o tempo inteiro não assume os efeitos das próprias ações. O auto*des*assédio é favorecido quando a conscin para de atribuir a culpa de seus fracassos aos assediadores, tornando-se adulta e responsável pelos seus atos.

**Assistência.** Assistir aos assediadores extrafísicos, consciências doentes, é dever inclusive, e principalmente, de quem sofre os efeitos das semipossessões malignas.

**Transição.** A transição da semipossessão patológica para a semipossessão benigna, autoconsciente e utilitária, é alavancada, em especial, por 7 fatores:

1. **Autodiscernimento.** Atilado e amadurecido.
2. **Parapsiquismo.** Desenvolvimento continuado do autoparapsiquismo.
3. **Energias.** Domínio *sênior* das energias conscienciais.
4. **Tenepes.** Prática interassistencial diária exigindo a interação com os amparadores extrafísicos de função. Na tenepes, adquire-se profissionalismo na semipossessão benigna interassistencial.
5. **Autodomínio.** Autodomínio holossomático da incorporação parapsíquica.
6. **Iscagem.** A iscagem consciente, na qual a semipossessão benigna é útil, em certos casos, para o despertamento de consciexes parapsicóticas, através da incorporação *permitida* e supervisionada pelos amparadores, desencadeando intensa doação de energia consciencial somática, densa, à consciência enferma.
7. **Tares.** A interconexão maior com o amparador, paracérebro a paracérebro, na tares, otimizando palavras, tempo e energias na assistência pontual e objetiva.

**Conteúdo.** A apreciação do *conteúdo do fenômeno* é imprescindível na aquilatação da semipossessão vivenciada.

**Negativa.** Se a mensagem, seja proveniente de psicofonia, psicografia ou pictografia, for permeada de ambiguidades, mistificações, ordenações, achismos, *palpitismos,* frases peremptórias exigindo obediência ou cumprimento cego de condutas, origina-se de baixo escalão evolutivo, mesmo quando emoldurada por frases estruturadas e vocabulário requintado.

**Benigna.** A semipossessão benigna com amparadores, ao contrário, reveste-se de amplo *conteúdo enriquecedor* apartado de paixões humanas; não repisa clichês nem exerce imposições; emite verdade relativa nos pareceres, não entrando em assuntos ignorados ou mateologísticos; é *educada,* nunca intrusiva; abstém-se de alvoroços e palhaçadas circenses; e mantém-se linear na expressão de ideias cosmoéticas, sem variações de conduta em decorrência da mudança do médium intrafísico, homem ou mulher, por exemplo.

**Autodiscernimento** A consciência parapsíquica empolgada, *abilolada* e crédula é engrupida com facilidade pelas consciexes fascinadoras. O autodiscernimento, portanto, é *pedra de toque* na contextualização da qualidade da semipossessão.

**Ruídos.** A estática extrafísica, é a excrescência de fantasias, emoções, pensenes pessoais ociosos ou a interferência de variáveis extrafísicas permeando e atrapalhando a correta interpretação do conteúdo do fenômeno extrafísico experienciado.

**Apriorismose.** O sensitivo ou sensitiva deve saber calar a *apriorismose* pessoal durante a semipossessão benigna junto aos amparadores extrafísicos e não corromper o fluxo de inspirações e atitudes. Trabalha melhor com o autoparapsiquismo quem disciplina os próprios pensamentos, afastando o estática extrafísica.

**Euforin.** Por exemplo, a conscin pode sentir-se eufórica e, assim, perder a racionalidade exigida para a correta aplicação da ideia.

**Frivolidades.** Ou pode estar envolvida em frivolidades, banalidades do dia a dia, e não estar disponível à abordagem do benfeitor.

**Desperdícios.** Sem a ordenação dos autopensenes, podem ocorrer, e com frequência ocorrem, desperdícios de oportunidades no aproveitamento de inspirações dos amparadores.

**Homeostase.** Portanto, a semipossessão benigna, seja com amparadores ou consciexes assistidas, requer homeostase razoável do microuniverso consciencial da conscin sensitiva para proporcionar melhor saldo nos desempenhos.

**Taxologia.** As semipossessões benignas podem ser classificadas em 2 tipos:

1. **Semipossessão benigna *conscin sensitiva-consciex enferma:* finalidade terapêutica *direta.***

**Iscagem.** A iscagem assistencial lúcida e competente demonstra avanço rumo ao autodesassédio. A convivência pacífica com a consciex enferma, habitando temporariamente a psicosfera do médium, mulher ou homem, sem contaminação, prova haver qualificação da pensenidade, da intencionalidade e do autodomínio energético da conscin.

**Autodefesa.** As consciexes doentes permanecem próximas, porém sem realizar qualquer intrusão não autorizada pela conscin sensitiva.

**Calculismo.** Quando ocorre a incorporação da consciex assistida, com profissionalismo, é realizada sob cálculo e com finalidade assistencial pontual. Os amparadores, de praxe, estão envolvidos na atuação.

**Experiência.** A situação exige experiência parapsíquica e autodiscernimento da conscin, para não incorrer em mistificações.

***Quem quer** aparecer*
***com o parapsiquismo, tem***
***por** plateia **guias cegos***
***e assediadores extrafísicos.***

**Tenepes.** A semipossessão benigna com consciexes em fase de despertamento pode ocorrer na tenepes, encontrando-se o tenepessista em transe. A situação é gerida pelos amparadores, em clima de total confiança do praticante da tenepes em relação à equipe extrafísica mantenedora do trabalho.

2. **Semipossessão benigna *conscin sensitiva-amparador:* finalidade *otimizadora* da assistência.**

**Extrafísico.** A semipossessão benigna com amparadores é útil em situações intrafísicas nas quais a tares é viável, como em salas de aula, diálogos, palestras, debates, cursos, entre outros.

**Homeostase.** Na semipossessão benigna, é imprescindível criar ambiente intraconsciencial homeostático, afim ao benfeitor.

**Paraincorporação.** O parapsíquico, mulher ou homem, quando projetado pelo psicossoma, habilita-se à *paraincorporação,* ou a semipossessão benigna *extrafísica,* do amparador. A consciex assistente comanda o psicossoma do projetor, aproveitando o lastro de energias densas do médium para tangibilizar-se frente aos assistidos extrafísicos, fazer-se ouvir por eles e amplificar a doação de energias.

**Interface.** Os amparadores, com psicossomas rarefeitos, sutis, têm dificuldade no acesso às consciexes enfermas muito animalizadas; não há estabelecimento de *rapport,* em decorrência do acentuado desnível de padrão vibratório energético. As energias oriundas do corpo físico e energossoma do médium projetado, permanecendo imantadas ao psicossoma, auxiliam sobremaneira na aproximação dos benfeitores extrafísicos às consciexes desequilibradas, funcionando qual *interface conectora* dos 2 extremos vibratórios.

**Paracérebro.** Pela *Parapercepciologia,* tal manifestação avançada de *parapsiquismo extrafísico* exige refinamento da cosmoética e da intencionalidade do sensitivo-projetor, para melhor interfusão do paracérebro do amparador com o paracérebro da conscin projetada. A pensenidade do parapsíquico deve ser hígida para permitir o ajuste ideal dos paracérebros. (v. Cap. 17).

**Teleguiamento.** Os níveis evolutivos de semiconsciexialidade, teleguiamento autocrítico e demais estágios à frente minimizam ou tornam inócua a necessidade da semipossessão benigna assistencial, pois há similitude entre a manifestação dos amparadores e da conscin quanto à holomaturidade, visão de conjunto e aos objetivos policármicos. A diferença de dimensão já não oferece empecilhos ao intercâmbio consciencial. Em suma: a conscin já age qual amparador extrafísico na vida humana.

**Assistido.** A centragem da intenção para o bem do assistido torna a aproximação com os amparadores extrafísicos fato inevitável.

**Características.** Eis, em ordem alfabética, 15 características da semipossessão benigna com amparadores:

01. **Abordagens.** *Ausência* de adulações, elogios excessivos, torpezas, estupros evolutivos, imposições vis ou convites ao acriticismo nas abordagens conteudísticas.

02. **Autotransfiguração.** O sensitivo, mulher ou homem, sente mudanças na própria fisionomia, aproximando-se da aparência do amparador.

03. **Clareza.** O conteúdo do fenômeno é claro e singelo, sem margem para ambiguidades.

04. **Consciex.** Aproxima a conscin do estado de consciex e auxilia na rememoração de tópicos do curso intermissivo.

05. **Cosmoética.** Presente nas energias, palavras e atos em geral.

06. **Crítica.** Chamamento das personalidades ao senso crítico e ao livre-arbítrio.

07. **Energias.** Abordagem energética suave, acolhedora, temperatura em geral fria, causando bem-estar *inconfundível.* A conscin sensitiva percebe-se mais atilada, amigável, fraterna e lúcida.

08. **Inteligência.** Incrementa a inteligência evolutiva.

09. **Linguagem.** Educada e adequada aos ouvintes, jamais chula ou imprópria. Usada sempre qual *moldura,* e não conteúdo.

10. **Megafraternidade.** Faz a pessoa sentir a megafraternidade real e *paz de espírito.*

11. **Parafenomenologia.** A incorporação da consciex evoluída proporciona diversos fenômenos parapsíquicos, a exemplo de: clarividência, clariaudiência, precognições, simulcognições, retrocognições, estado vibracional, aumento da aura, expansão do mentalsoma, irrompimento do psicossoma, acesso às centrais extrafísicas, entre outros.

12. **Pensamentos.** Elimina-se espaço para pensamentos negativos.

13. **Personalidade.** É possível discriminar a personalidade do amparador, percebendo em si mudanças na forma de pensar e na qualidade dos sentimentos.

14. **Saldo.** *Sempre* deixa saldo positivo para a conscin após o fenômeno parapsíquico.

15. **Sinalética.** A aproximação do amparador dispara a sinalética parapsíquica pessoal, de modo agradável e objetivo. Não há margem para má interpretação.

***A PRINCIPAL MANIFESTAÇÃO DA SEMIPOSSESSÃO BENIGNA DOS AMPARADORES NA CONSCIN É A TELEPATIZAÇÃO, SEM RUÍDOS, DE*** *IDEIAS COSMOÉTICAS.*

**Casuística Homeostática.** A transição pessoal da semipossessão patológica para a semipossessão benigna envolveu ajustes comportamentais importantes, práticos.

**Aspectos.** Eis, em ordem alfabética, 11 aspectos relevantes, e as respectivas técnicas utilizadas por esta autora, para o êxito do câmbio cosmoético da semipossessão:

01. **Autodisciplina.** Da autodesorganização para a *autodisciplina.* Técnicas: não admitir autodesorganização quanto à limpeza, arrumação do ambiente, horários e tarefas; assumir como valor pessoal não deixar sujeira para os outros; deixar o ambiente melhor do que encontrou, seja quanto à higiene e ordem, seja quanto às energias gravitantes.

02. **Autodomínio.** Da subjugação pusilânime para o *autodomínio autoconfiante,* a partir da produtividade. Técnica: realizações concretas através do esforço, ao modo de metas viáveis de leitura e redação contínua de *papers.*

03. **Dupla.** Da carência sexual para a *dupla evolutiva.* Técnica: disponibilizar-se a encontrar e *partilhar* a vida com alguém, estando aberto ou aberta às *concessões* inevitáveis.

04. **Energossomática.** Das energias desgovernadas para o *autodomínio energético.* Técnicas: estado vibracional; tenepes; autopensenidade cosmoética.

05. **Intencionalidade.** Do egoísmo para a *megafraternidade.* Técnicas: realizar trabalhos de assistência em variadas frentes de atuação, inclusive profissional; praticar a *empatia técnica.*

06. **Isca.** Da iscagem inconsciente para a *iscagem consciente.* Técnica: desenvolver refratariedade às energias doentias dos assistidos, a partir do fortalecimento dos pensenes e do controle emocional, cortando a irritação e a impaciência.

07. **Megatrafor.** Do monoideísmo sobre os trafares para o uso prático do *megatrafor.* Técnica: ser produtivo a partir do megatrafor.

08. **Mentalsomática.** Do emocionalismo predominante para a *mentalsomática* (intelectualidade, racionalidade). Técnica: auto-organização para os estudos (v. Cap. 4).

09. **Parapsiquismo.** Do autoparapsiquismo poluído para o *uso cotidiano e útil das parapercepções.* Técnica: iscagem assistencial autoconsciente; tenepes.

10. **Pensenidade.** Da autoculpa para a *reflexão.* Técnica: implantar agenda de autopensenização funcional; anotações no *diário técnico.*

11. **Tenepes.** Do ócio assistencial para a *tenepes.* Técnica: preparar-se para a tenepes, conforme os pré-requisitos da tarefa.

**Parafatos.** Eis 2 parafatos *curiosos* quanto à semipossessão benigna vivenciados pela autora:

1. **Assistido.** Semipossessão benigna com consciex *assistida,* durante a tenepes. O fenômeno foi útil ao despertamento da consciex.

2. **Feminina.** A experiência de semipossessões benignas com consciexes de visual feminino, em alguns casos, intensificou a feminilidade pessoal.

**Discrição.** Em certas ocasiões, a semipossessão benigna ocorreu em situações banais, como em conversas informais ou durante jantares. Os esclarecimentos veiculados pelos amparadores através desta autora, de modo discreto, sem nenhum alarde ou histrionismo, eram relevantes para o interlocutor, mulher ou homem, e era assim evidenciado através do padrão das energias, de alto gabarito. Nem sempre, porém, a conscin assistida dava valor às informações veiculadas.

**Sigilo.** Em geral, guardava discrição sobre o parafato, quando o mesmo ocorria. O objetivo não era autopromoção parapsíquica ou usar argumentos de poder.

**Apriorismos.** Às vezes, os apriorismos anticosmoéticos da conscin interlocutora a respeito desta pesquisadora tornavam a comunicação dos amparadores ineficaz ou nula, algo bastante frustrante. No contexto, a pessoa se recusava a ouvir a palavra de quem ela não valorizava, invejava ou simplesmente *não compreendia.* Faltava sinalética parapsíquica a estas conscins, lamentavelmente.

**Autocorrupção.** Tal fato ilustra a dificuldade encontrada inúmeras vezes pelos amparadores na transmissão de informações aos assistidos.

As autocorrupções e patopensenidade das conscins podem onerar a recepção das ideias extrafísicas, até mesmo quando são *verbalizadas* por alguém, no caso, pelo sensitivo, mulher ou homem.

**Abertismo.** A recepção ideativa de pensenes dos amparadores exige abertismo consciencial, megafraternidade e *modéstia*.

***Para conseguir** ouvir **o amparador faz-se necessário eliminar preconceitos relativos a pessoas, lugares, culturas, fatos e parafatos.***

**Questionário.** Quem se acha melhor que os outros e não ouve ninguém, pensa também ser melhor que o amparador?

# 07. Contraponto
## *Nosografia / Paraterapêutica*

**Definição.** *Nosografia* é o rastro ou registro pensênico de atos negativos impresso na psicosfera pessoal da conscin doentia e nos ambientes onde frequenta, sendo gerado e mantido a partir de condutas antievolutivas e de ações anticosmoéticas realizadas consigo mesma (autoassédio) e/ou com outras consciências (heteroassédio, interprisões grupocármicas).

**Sinonímia:** 1. Holopensene doentio. 2. Holopensene antiecológico. 3. Conjunto de ações anticosmoéticas. 4. Pegada energética patológica. 5. Rastro pensênico poluidor.

**Antonímia:** 1. Holopensene sadio. 2. Holopensense ecológico. 3. Rastro pensênico desassediador. 4. Higiene consciencial. 5. Paraterapêutica.

**Definição.** *Paraterapêutica* é o processo de aliviar, curar ou prevenir distúrbios e doenças a *partir e para* a multidimensionalidade, promovida pela conscin na vigília física ordinária, em estado projetado ou pela consciex, empreendendo higienização energética de bolsões de patopensenidade e de resquícios de energias entrópicas, assim como realizando ativamente atendimento às consciências enfermiças.

**Sinonímia:** 1. Interassistencialidade multidimensional. 2. Holopensene higienizador. 3. *Lava-jato* energético. 4. Profilaxia de doenças conscienciais. 5. Paramedicina. 6. Paracirurgia. 7. Cura mediúnica. 8. Satisfação benévola.

**Antonímia:** 1. Nosografia. 2. Doença consciencial. 3. Poluição pensênica assediadora. 4. Paraiatrogenia. 5. Holopensense pessoal patogênico. 6. Satisfação malévola.

**Ciclo.** A nosografia encetada e mantida pela consciência é gerada e retroalimentada pelos trafares.

**Reflexo.** O rastro de desordem deixado pela conscin é mero reflexo da condição intraconsciencial anômica.

**Condutas.** Eis, em ordem alfabética, dentre vários, 13 exemplos acachapantes de *condutas pessoais nosográficas* originadas de auto-obcecações pensênicas, geradoras de heteroassédios interconscienciais:

01. **Antifraternidade.** Ser indiferente quanto às vicissitudes da Humanidade, Para-humanidade e *subumanidade.*

02. **Assassinato.** Pensar ou levar adiante planos de suicídio, homicídio ou *genocídio.*

03. **Autovitimização.** Autodepreciar-se e vitimizar-se ante os demais para obter atenção (vampiro energético).

04. **Egoísmo.** Colocar-se sempre em primeiro (e único) plano no Cosmos; viver pelo princípio doentio de autorrealização: *o mundo é dos espertos.* Quem assim pensa é a consciência *burra* ante a inteligência evolutiva.

05. **Irritação.** Deixar-se ser irritadiço ou irritadiça.

06. **Ódio.** Permitir-se sentir mágoa, raiva, ódio e rancor pelos outros. Levar planos de revanche à frente, por vezes ao longo de vidas humanas a fio, tornando-se assediador de outras consciências.

07. **Orgulho.** *Polir-se com a cera da ilusão.*

08. **Poder.** Cultivar o desejo patológico de manipular, dominar e subjugar outras consciências, a sanha insopitável do *poder.* (v. **Teles**, M.; ***Profilaxia das Manipulações Conscienciais;*** Editares; Foz do Iguaçu, PR; 2007).

09. ***Schadenfreude.*** Sentir amargura e inveja pelo sucesso dos outros, sem pejo; sentir alegria *incontida* pela *infelicidade* alheia; habituar-se ao sarcasmo e à heterocrítica anticosmoética; satisfação em ser mau caráter, cruel, perverso ou *monstruoso.*

10. **Sexolismo.** Afogar-se em fantasias sexuais, cada vez mais escatológicas, pornográficas e baratrosféricas.

11. **Teimosia.** Manter-se empacado ou empacada ante melhores opções de ideias, atitudes e rumos a seguir.

12. **Vaidade.** Vivificar o fictício Dorian Gray, personagem de Oscar Wilde.

13. **Viciações.** Ser o *rei* ou *rainha* dos vícios, de todos os gêneros.

**Milênios.** Consequências de atos anticosmoéticos do passado ainda se notam, em muitos casos, após *milênios,* em outras existências humanas das consciências envolvidas.

**Paragenética.** Por vezes, a maior prova da interprisão ainda em vigor é demonstrada pela paragenética alterada da consciência, causa de distúrbios patológicos restritivos no soma, inclusive os psiquiátricos, tornando o corpo humano verdadeira *Alcatraz* orgânica. O rastro nosográfico eclode via *sequelas físicas.*

**Megarrastros.** Banhos de sangue, torturas, tragédias e interprisões de grande porte são megarrastros nosográficos históricos, muitos deles desenrolados sob o olhar conivente de sanguinária *plateia,* em plena praça pública. A evolução da Humanidade possibilitou chegarmos a relativo consenso planetário contra atos de brutalidade e barbárie.

**Guerra.** No entanto, apesar dos clamores de lucidez, ainda existem a guerra, a pena de morte e a *sharia,* na atualidade (Ano-base: 2009). *Quosque tandem?*

**Termômetro.** Pequenos hábitos diários também podem ser termômetro da nosografia pessoal.

**Autocorrupções.** Condutas irrefletidas, autoindisciplina e autodesorganização mantidas ao modo de maus hábitos são autocorrupções criando e fortalecendo conexões com assediadores extrafísicos.

**Entrópicos.** Ambientes entrópicos tendem a ser assediados. *Energias afins se atraem.*

**Hábitos.** Eis, em ordem alfabética, 15 exemplos de maus hábitos cotidianos, à primeira vista *banais,* contudo *denunciadores* do percentual pessoal de nosografia:

01. **Banheiro.** Deixar e manter o banheiro sujo: pia com sujeira; pegadas enlameadas no chão; tapetes torcidos e imundos; roupas usadas espalhadas; fio dental usado jogado a esmo; cesto de lixo cheio; dentre outros.

02. **Comunitários.** Manter espaços comunitários desordenados com a *sua* bagunça.

03. **Contágio.** Frequentar voluntariamente ambientes lotados sem ventilação, sabendo portar doença infecto-contagiosa em fase de transmissão.

04. **Cozinha.** Deixar lixo e louça suja sobre a pia da cozinha ou espalhados pela casa e/ou ambiente de trabalho.

05. **DST.** Ser portador consciente de *Doença Sexualmente Transmissível* (DST) ou apresentar herpes labial em atividade e transmitir as doenças ao parceiro ou parceira sexual, ocultando o quadro.

06. **Entropia.** Manter ambiente domiciliar e profissional entrópicos; manifestar negligência quanto aos *quadros tortos.*

07. **Espaço.** Utilizar espaço alheio temporariamente para quaisquer finalidades e devolvê-lo pior do que encontrou.

08. **Fila.** Empurrar e competir vorazmente com os outros para pegar os primeiros lugares na fila.

09. **Higiene.** Habituar-se à má higiene somática: cabelos gordurosos, lavados de tempos em tempos; halitose e sujeira entre os dentes por falta de limpeza; bromidrose nos pés; odor axilar ofensivo; dentre outros.

10. **Hospedagem.** Hospedar-se na casa de amigos e construir verdadeiro *ninho de ratos malcheiroso* no local cedido para a estadia.

11. **Indisposição.** Indispor-se com outras conscins como hábito, o tempo inteiro.

12. **Patopensenes.** Cultivar patopensenes por onde vai, deixando rastro energético negativo nos ambientes visitados. O patopensene de uma conscin pode gerar acidente de percurso para *várias.*

13. **Perdigotos.** Tossir ou espirrar diretamente na face de outras pessoas, sem qualquer preocupação com a saúde alheia; escarrar em via pública.

14. **Reclamação.** Fazer reclamações, *barracos* e encetar *bate-bocas* impróprios ao sentir-se ferido nos direitos pessoais, gerando constrangimentos e desgastes a todos no ambiente. *Os direitos da conscin terminam quando começam os* ***autodeveres*** *com o bem-estar dos outros.*

15. **Vestuário.** Vestir-se com roupa malcheirosa, deixando péssima impressão por onde passa.

**Anticosmoética.** O *bagunceiro*, homem ou mulher, na realidade, é desrespeitoso, egoísta e antifraterno, pois não se importa com a energia e tempo alheios: *alguém terá que limpar a sujeira.*

**Princípios.** Pela Conviviologia, exemplifica-se, em ordem alfabética, 8 princípios práticos de hábitos cotidianos paraterapêuticos, úteis à conscin coerente com a interassistencialidade, contrapondo-se à nosografia explicitada:

1. **Apresentação.** Cultivar apresentação pessoal limpa, educada e *digna.*

2. **Convivialidade.** Observar regras de convivência comunitária: não pichar ou vandalizar patrimônio público; não jogar lixo em local inadequado; adotar, com paciência e boa vontade, a separação do lixo para reciclagem, contribuindo para a diminuição do rastro de imundície deixados por *nós* para *nós mesmos* e demais seres vivos do planeta, no presente e futuro próximo.

3. **Energias.** Ser elemento dispersor de energias negativas dos ambientes, limpando-as quando possível. Quando impraticável, adotar o autoencapsulamento parassanitário. *Não admitir contaminações evitáveis também é conduta antinosográfica.*

4. **Hospedagem.** Interferir o mínimo possível na rotina dos moradores; colaborar em compras, higiene e organização; permanecer no local de modo tão discreto a ponto de parecer não haver hóspede em casa; deixar camas arrumadas, roupas usadas e sapatos longe da visão dos anfitriões; dispersar o odor da sudorese fisiológica noturna, preocupando-se em ventilar o ambiente (abrir janelas, ligar exaustor); despedir-se da estadia generosa oferecendo *mimos energéticos* de bom gosto.

5. **Limpeza.** Deixar o recinto, seja qual for, *muito melhor* do que encontrou: limpo, organizado, com energias positivas, livre de excrescências energéticas negativas ali encontradas (parassepsia) e desassediado.

6. **Pensenidade.** Favorecer pessoas e ambientes emitindo pensenes carregados com ideias evoluídas e de megafraternidade, qual presença luminosa em meio às trevas.

7. **Saúde.** Priorizar a saúde da coletividade, evitando ser elemento veiculador de doenças.

8. **Solucionática.** Oferecer sugestões práticas para resolução de problemas após verbalizar críticas pertinentes, prezando pela *educação* e priorizando o desassédio interconsciencial.

**Ecologia.** Condutas paraterapêuticas são ecológicas; assim, espera-se da consciência ser menos *poluidora do Cosmos.*

**Casuística Nosográfica.** Voltando ao exemplo desta autora, a auto-indisciplina, a pensenidade instável, a pusilanimidade e a autovitimização foram os gatilhos intraconscienciais responsáveis pelo autoassédio.

**Manipulação.** Entropizava os ambientes com as energias pessoais desgovernadas, manipuladas pelos assediadores.

**Efeitos.** Tais energias corrompidas proporcionavam, às vezes, efeitos físicos ou fenômenos parapsíquicos negativos, ao modo de queda indesejada de objetos e semipossessão maligna.

**Identificação.** Identificou-se com clareza, a partir da constatação da existência dos rastros nosográficos pessoais, a necessidade de ajustes na pensenidade, da eliminação dos autoassédios e monoideísmos autossabotadores e da qualificação das energias para a melhora gradativa do comportamento entrópico.

**Paraterapêutica.** O primeiro evento paraterapêutico sinalizado na conscin assistente é o *autodesassédio.*

**Comportamentos.** Pela *Assistenciologia*, eis, em ordem alfabética, 15 exemplos de comportamentos explicitadores da autocoerência consciencial quanto às manifestações paraterapêuticas:

01. **Antiassédio.** Diluir comentários negativos e mal-intencionados com cortes verbais calculados, providenciais, positivos. A discordância explícita quanto às *fofocas* pode gerar hostilidades contra a conscin cosmoética, opositora lúcida.

02. **Autoestima.** Resgatar a heteroestima consciencial com comentários otimistas e traforistas oportunos a respeito do assistido, homem ou mulher. O percentual mínimo, inafastável, de *tacon* na convivialidade pode ser coadjuvante ou mesmo protagonista em certas atuações assistenciais.

03. **Autocrítica.** Ser autoimperdoador dos próprios erros, com autocrítica justa, sem masoquismos.

04. **Auto-organização.** Ter por princípio pessoal deixar quaisquer ambientes melhores do que encontrou, em todos os sentidos.

05. **Contraponto.** Irradiar energias positivas onde outrora houvera estigmatização negativa com energias pessoais, coibindo acidentes de percurso. A antecipação é crucial na desperticidade.

06. **Ectoplasmia.** Ser ponto de apoio, doador ou doadora energética, dos amparadores extrafísicos em serviços de interassistencialidade exigindo ectoplasma ou energia humana densa, semimaterial. Aqui incluem-se a *tenepes,* as projeções paraterapêuticas e as iscagens assistenciais lúcidas.

07. **Empatia.** Dispor-se a compreender em profundidade, mantendo crítica ativa, o microuniverso das consciências pelo exercício da empatia, a fim de alcançar a verdadeira megafraternidade desprovida de apriorismos.

08. **Fitoconvivialidade.** Melhorar a qualidade de vida das plantas com as quais convive, oferecendo aporte adequado de água, insumos nutricionais, luz, proteção e *energias.* Evitar arrancar flores, folhas e caules desnecessariamente, assim como pisar a grama viva.

09. **Heterocrítica.** Povoar pensenes de avaliação heterocrítica com ondas de energias salutares para a consciência evocada. Megafraternidade inclui heteroanálise consciencial *nua e crua,* no entanto, cosmoética.

10. **Higiene.** Manter higiene satisfatória de modo geral, sem compulsões.

11. **Presença.** Ter força presencial incontestável, veiculando poder energético, inteligência evolutiva, autodiscernimento, sensatez, seriedade, megafraternidade e solidez cosmoética. Quando se aplica às mulheres, tal apresentação, por vezes, pode ser confundida com arrogância, *metidez,* antipatia ou mesmo agressividade. Paciência, a leviandade na avaliação equivocada de conscins superficiais não muda a realidade da intenção positiva da assistente.

12. **Profundidade.** Alcançar profundidade cosmoética e cosmovisiológica nas abordagens autoconscienciométricas e heteroconscienciométricas.

13. **Racionalidade.** Cultivar, dia a dia, racionalidade e lógica fria nas abordagens.

14. **Tares.** Procurar, aos poucos, sem pretensões perfeccionistas, alcançar a tares impactante com, no mínimo, 51% de acertos.

15. **Zooconvivialidade.** Oferecer assistência, sempre quando possível, aos subumanos, seja através de cuidados veterinários, alimentação, abrigo, proteção ou *afeto*. Evitar matar o que pode ser *libertado* ou *afastado,* guardadas as devidas proporções do *bom-senso.*

**Natureza.** Pela Biologia e Etologia, saem-se melhor na sobrevivência os seres vivos com somas mais organizados (Bioquímica, Histologia, Anatomia e Fisiologia) e com sofisticadas regras de convivência (organização grupal, gregarismo). Na Terra, o *Homo sapiens* possui a mais complexa e refinada estruturação de *Sistema Nervoso Central,* de comunicação interconsciencial e de agrupamento social.

**Organização.** Pela lógica, as conscins evoluídas tendem para a organização, complexificação racional, priorização e *higiene* apurada (ambiental, holossomática, consciencial).

**Conforto.** O doente *obssessivo-compulsivo* limpa em demasia para fugir da *sujeira* intraconsciencial. O *assistente,* mulher ou homem, higieniza e arruma a si mesmo, os espaços de convívio e suas obras, para oferecer relativo conforto e aconchego às consciências combalidas pelas agruras do microuniverso pessoal *caótico.*

**Manutenção.** A conscin lúcida com holopensene paraterapêutico estabilizado, se inteligente, provê manutenção contínua a tal *status quo.* Quem vê em si mesmo, mulher ou homem, a perspectiva concreta de ser *curador,* em geral não quer voltar a ser *entropizador.*

**Casuística Homeostática.** Eis, em ordem alfabética, 14 providências práticas tomadas pela autora-cobaia na progressão exitosa rumo à Paraterapêutica:

01. **Autocriticologia.** Desenvolvimento agudo da autocrítica.

02. **Autopesquisologia.** A autoconscienciometria profunda, cirúrgica; a compilação escrita dos achados autopesquisológicos; a aplicação prática dos achados no cotidiano (Experimentologia).

03. **Dupla.** Priorização da dupla evolutiva.

04. **Educação.** Calculismo cosmoético no estudo da educação (comportamento), cortesia e mesmo da etiqueta, para aplicação funcional no trato social interassistencial.

05. **Energias.** Domínio energético com finalidade objetiva de autodesassédio e de interassistencialidade.

06. **Escrita.** Escrever, objetivando a *publicação* dos originais tarísticos (artigos, livro).

07. **Estudo.** Estudar muito, sempre.

08. **Força presencial.** Aprimoramento da força presencial mediante qualificação da apresentação *holossomática* e pensênica. Soma limpo e arrumado mostra organização, segurança, coerência e *educação.*

09. **Heterocrítica.** Entendimento empático dos microuniversos alheios.

10. **Invéxis.** Opção pela inversão existencial.

11. **Iscagem.** Qualificação da iscagem assistencial lúcida.

12. **Medicina.** Opção profissional pela Medicina.

13. **Ortopensenidade.** Empenho pela ortopensenização.

14. **Tenepes.** Prática responsável da tenepes desde os 19 anos.

***O ATO DE PENSENIZAR O MELHOR* DE *TODOS E* PARA *TODOS, ESSÊNCIA DA PARATERAPÊUTICA, SÓ É ALCANÇADO A PARTIR DA AUTOCRÍTICA E DA HETEROCONSCIENCIOMETRIA PRECISAS.***

# PARTE II

# DESPERTOLOGIA

## 08. Amizade

**Definição.** *Amizade* é a estima, apreço, sentimento de benevolência e simpatia dirigidos a outras consciências, estabelecendo-se a partir de laços de afetividade recíproca.

**Sinonímia:** 1. Parceria. 2. Companheirismo. 3. Camaradagem. 4. Convivialidade hígida. 5. Lealdade interconsciencial. 6. Aliança.

**Antonímia:** 1. Inimizade. 2. Dissociação social. 3. Discórdia. 4. Desafeição. 5. Indiferença afetiva. 6. Negligência consciencial. 7. Traição.

**Singelezas.** Eis, em ordem alfabética, 20 aspectos singelos da amizade e respectivos atos, fatos e parafatos enumerados horizontalmente, avaliados sob a ótica da Evoluciologia:

01. **Amparadores.** A interassistencialidade aumentando o círculo de amizade com os amparadores extrafísicos; o amparador favorecendo a conscin a participar de eventos extrafísicos ou a encontrar consciências específicas; a troca de papéis: o assistido tornando-se o amparador do antigo benfeitor; o amparador beneficiando amigos e familiares do assistido.

02. **Anticarências.** A interassistencialidade anticarências; os livros presenteados; o dinheiro emprestado a fundo perdido; a afetividade dispensada sem exigências; os cursos financiados do próprio bolso para outra pessoa; os objetos necessitados com urgência comprados e doados.

03. **Desassédio.** A ajuda espontânea para o heterodesassédio; a iscagem assistencial autoconsciente, *silenciosa,* aliviando a carga do colega; as higienizações energéticas dos holochacras *estropiados* das conscins; as dicas preciosas motivando o autodesassédio.

04. **Diálogo.** Os diálogos francos; o ato de ouvir em silêncio; a paciência e interesse em compreender a exposição alheia; o conforto com as palavras; a tares impactante precisa; os incrementos intelectuais recíprocos; as argumentações somadas conduzindo a neoverpons; os debates incitando reflexões; as recins, a partir da interlocução assistencial; a palavra sensata do amigo no momento de desespero e irracionalidade.

05. **Exemplos.** Os exemplos positivos de atitudes pró-evolução; o passo evolutivo ousado sendo seguido pelo amigo; o exemplo da conscin

arrastando os aliados; o assemelhamento, com o passar do tempo, das personalidades; a convergência dos objetivos grupais.

06. **Experiências.** O compartilhamento de experiências; a vivência de um auxiliando na queima de etapas evolutivas do outro; a recuperação de cons mediante o debate em grupo das vivências pessoais.

07. **Inspirações.** As inspirações de ajuda para determinado colega; o *insight* na heteroconscienciometria.

08. **Intimidade.** A compreensão silenciosa; o despojamento sem constrangimentos; o desabafo honesto, sem máscaras; a face obscura da personalidade exposta sem julgamentos ou preconceitos; os momentos felizes em grupo; as alegrias compartilhadas; as comemorações particulares; o festejo dos pequenos êxitos dos amigos.

09. **Lazer.** A higiene consciencial prazerosa; as risadas desassediadoras; os passeios anti-estresse; o colóquio agradável e enriquecedor na mesa de jantar.

10. **Lealdade.** O conforto de poder contar com a mão amiga nos momentos difíceis; as defesas justas e corajosas; o caminho palmilhado lado a lado; o ato de *sujar-se na lama* ao lado do amigo que vive dura provação, não o abandonando, se assim for cosmoético; o companheirismo indômito.

11. **Liderança.** O exercício da liderança junto a colegas leais; os conselheiros-amigos, os assistentes bem intencionados.

12. **Parapsiquismo.** As doações parapsíquicas interconscienciais; o desenvolvimento das parapercepções em grupo; as contribuições para as heteroexperimentações fenomenológicas.

13. **Recins.** As *palavras-bálsamo* nas crises de recin alheia; as *palavras-gatilho* para a recin alheia.

14. **Rede.** A expansão das redes de contato; o amigo levando a outro; o encontro de destino patrocinado pela conscin camarada; os amparadores dos colegas tornando-se seus amparadores; a abertura de oportunidades evolutivas a partir de conscins simpáticas a você; a indicação de sua pessoa, pelos amigos, para função de liderança.

15. **Reeducação.** A reeducação recíproca; as heterocríticas apropriadas visando à melhora da apresentação e maneirismos da conscin; as

heterocríticas justas para auxílio na limpeza intraconsciencial dos resquícios subumanos.

16. **Saúde.** As admoestações aos companheiros quanto aos cuidados com o soma; a colaboração com os amigos nas atitudes de promoção de saúde e prevenção de doenças; a contribuição efetiva para a melhora da saúde do colega, seja através de dinheiro, presença ou conforto; as consecutivas noites maldormidas ao lado da conscin doente, no hospital; a doação financeira para auxílio nas despesas de saúde inesperadas; os remédios comprados e doados; a companhia alegre e positiva nas situações de doenças críticas; a disponibilidade de assistência permanente, 24h.

17. **Sutilezas.** Os mimos energéticos sutis; a *lembrancinha* comprada que tem tudo a ver com a pessoa querida; a referência à *consciência amigona* nos agradecimentos do livro pessoal ou no *convite de formatura;* o *favorzão* prestado sem ter sido pedido; a colaboração profissional, sem cobrar honorários, na resolução de pequenos problemas intrafísicos do colega evolutivo; a refeição preparada com carinho para os entes afins; o acolhimento *prazenteiro,* na residência pessoal, da conscin vivendo *dias de tempestade.*

18. **Telepatia.** A transmissão de pensamentos entre conscins afins; a facilidade para o trabalho de assistência em equipe; o conhecimento profundo do modo de pensar do colega; as antecipações das reações da consciência aliada.

19. **Trabalho.** O serviço dividido; a diminuição do peso do fardo; a produtividade conjunta; a otimização do trabalho pelo convívio harmônico; o efeito halo desassediador do serviço realizado com alegria; a lida árdua amenizada pela presença do outro; os estímulos mútuos.

20. **Vitórias.** O anseio para comemorar as vitórias juntos; o empenho sincero para o sucesso das conscins.

**Autodisponibilidade.** O desafogamento da intraconsciencialidade ocorre mediante resolução e sepultamento das querelas egocêntricas. Só assim gera-se autodisponibilidade para o cultivo de amizades sinceras. Amizade evoluída exige *doação* e *paciência.*

**Ouvir.** É possível diagnosticar o monumental egoísmo da pessoa através do grau de desconforto proporcionado pelo ato de *ouvir* o outro.

Amizades *divertidas* de *botequim* têm a duração de um *pileque*; nada exigem.

**Lealdade.** O cultivo e expansão de amizades relacionam-se, em especial, ao grau de lealdade expressa nas inter-relações. Quem *trai* os amigos perde oportunidades evolutivas. Quem *vira as costas* para os colegas de lida, condena a própria proéxis.

**Megafraternidade.** Demonstra inteligência evolutiva quem se dispõe a ser também amigo dos *rabugentos, infelizes, desequilibrados, nocauteados, complicadinhos* e *doentes* sem condená-los ou negligenciá-los. Certos casos podem inclusive demandar *muito* investimento para obtenção de *alguma* simpatia. Contudo, lembremos: o *assistido* é *amparador* em potencial.

**Seleção.** Expressa autodiscernimento quem busca selecionar companhias evolutivas amadurecidas para convívio estreito. Os amigos explicitam quem você é e os seus interesses.

**Inveja.** A relação estreita com consciências amadurecidas implica eliminação da inveja e de qualquer traço de emulação. Há quem sinta inveja até do amparador. Certamente seu amigo ou amiga será melhor do que você em algumas vertentes; admitir com naturalidade tal fato propelirá a amizade. A conscin, não superando o travão da rivalidade, optará sempre pelas companhias débeis, apagadas, fragilizadas e imaturas do ponto de vista evolutivo, no entanto, *confortáveis* ao egão.

**Autoconfiança.** Ter amigos maduros, cosmoéticos, parapsíquicos, inteligentes e perspicazes é demonstração teática de personalidade forte, autoconfiante, não zelotípica.

***O VERDADEIRO AMIGO, MULHER OU HOMEM,*** *ORGULHA-SE* ***DA INVULGARIDADE COSMOÉTICA DO COLEGA EVOLUTIVO.***

## 09. Heteroconscienciometria Empática

**Definição.** *Heteroconscienciometria Empática* é a apreciação, leitura ou interpretação cosmoética, precisa, do microuniverso de outra consciência, a partir da predisposição do assistente, mulher ou homem, em *colocar-se no lugar* do assistido ou assistida, compreendendo profundamente as razões do modo de pensar, sentir e agir da individualidade analisada.

**Sinonímia:** 1. Heteroanálise justa. 2. Heterocompreensão racional. 3. Heterocrítica cosmoética. 4. Heteropesquisologia consciencial acurada. 5. Heteroabordagem neofílica. 6. Antiestupro evolutivo. 7. Megafraternidade vivenciada. 8. Tares. 9. Assimilação energética simpática.

**Antonímia:** 1. Autoconscienciometria. 2. Autoanálise. 3. Autopesquisologia. 4. Heteroconscienciometria *apriorística.* 5. Heterocrítica anticosmoética. 6. Heterojulgamento *pesado.* 7. Heteroincompreensão. 8. Heteroabordagem inquisitorial. 9. Heteroleitura consciencial ingênua. 10. Heteroanálise equivocada. 11. Estupro evolutivo. 12. Tacon. 13. Desassimilação simpática. 14. Assimilação energética antipática.

**Superficialidade.** Grande parte das conscins tende a analisar superficialmente os motivos e comportamentos alheios, gerando base para fofocas e maledicências.

**Afinidade.** Há interesse popular nos mal-entendidos e na *boataria* porque ainda há vigoroso ranço assediador e subumano nas personalidades componentes da massa humana acrítica.

**Inveja.** A fissura consciencial, em inúmeros contextos, é a inveja ou a satisfação malévola, motivada pela autofrustração ou infelicidade pessoal autoinduzida.

**Autocorrupção.** Apriorismos, ódio, egocentrismo, ignorância, limitações cognitivas ou *evolutivas,* comportamentos anticosmoéticos (conscientes ou não), amoralidade e autocorrupções em geral também são fatores predisponentes às apreciações equivocadas dos microuniversos alheios.

**Defesa.** Quando a consciência descobre a Cosmoética, a megafraternidade e a evolução, pode tender para a condição antípoda à explicitada, criando mecanismos de defesa do ego *repressores de críticas*. A pessoa quer ser boa e, devido ao passado de excessos, tolhe quaisquer automanifestações antipáticas ou que causem desconforto nos outros. É o princípio da *tacon*, tarefa da consolação.

**Paliativo.** A tacon, portanto, é o mecanismo primário *tapa-buraco,* solucionando paliativamente o distúrbio emocional do ex-algoz querendo ser alguém melhor.

**Primeiro.** Considerando ser este o *primeiro tempo evolutivo,* quando há o primeiro *insight* de cosmoética, a tacon, no contexto, é inarredável e positiva. (v. **Vieira**, W.; ***Enciclopédia da Conscienciologia;*** CEAEC & Editares; Foz do Iguaçu, PR; 2006; páginas 608 e 609).

**Segundo.** Contudo, o *segundo tempo evolutivo* é imperioso. Com o acúmulo de experiências e a superação dos entraves maiores, a consciência deve caminhar para a abordagem interassistencial madura, deixando a postura *naïf,* a hipocrisia e as recompensas emocionais infantis advindas da tacon. O próximo passo é a *tares,* tarefa do esclarecimento.

**Permanência.** O problema da tacon é a *permanência* nela, optando-se pelo *remendo* ao invés do *conserto.*

**Libertação.** A tacon aprisiona, cria grilhões de dependência entre assistido e assistente. A tares liberta, porque indica o caminho para a conquista da autonomia evolutiva.

**Antissuperficialidade.** A tacon não permite chegar à megafraternidade plena porque a heteroconscienciometria é corrompida pela superficialidade intencional na abordagem. Só é vislumbrado o amor puro real quando há explicitação da personalidade mediante a análise acurada e correta dos trafores *e* trafares, o lado *luminoso e sombrio.* Ninguém é *santo.*

**Tares.** A tares fundamenta-se na *conscienciometria heterocrítica* para ser exitosa. Para esclarecer é preciso ter conhecimento panorâmico quanto à realidade intraconsciencial do assistido, mulher ou homem, porque:

1. **Megatrafor.** É necessário identificar com realismo o megatrafor da consciência analisada, evidenciando o *talento-arrimo* disponível para autossuperações e autodesempenhos evolutivos.

2. **Trafares.** Urge aquilatar com exatidão a necessidade da consciência no momento, a partir da avaliação das lacunas, inadequações ou incongruências (trafares).

3. **Conteúdo.** É apropriado selecionar o conteúdo a ser dito, na medida dos *limites* intelectuais e emocionais do interlocutor.

4. **Linguagem.** Importa ajustar o vocabulário e os ganchos didáticos dentro do universo do assistido para favorecer a compreensão da mensagem.

5. **Amparadores.** É inarredável a conexão com os amparadores envolvidos no trabalho, sendo alcançada mediante empatia prolífica com a consciência em foco.

**Assim.** Na heteroconscienciometria empática e consequentemente na tares, a *as*similação energética *sim*pática (*assim*) é recurso parassemiológico para o escrutínio das informações não verbalizadas. *Energias não mentem.*

**Aprofundamento.** Não há aprofundamento pesquisístico sem acoplamento energético e assimilação simpática com a consciência estudada, pois não seria possível haver: clarividência; retrocognições; simulcognições; precognições; desencadeamento de sinalética; contato com amparadores; percepção de assediadores e guias cegos; estudo das conexões energéticas; doação de energias; desassédio; dentre várias outras ações importantes na heteroconscienciometria e na assistência.

**Antipática.** A captação de dados truncada, permeada de desconfortos e incompatibilidades energéticas ocorre quando há assimilação energética *antipática.* Sobram rebarbas negativas para o pesquisador: cefaleia, diarreia, náuseas, dispneia, arritmias cardíacas, síncope, mal-estar em geral, acidentes de percurso. Pode acontecer por falta de *paraquímica;* erro na aplicação da técnica; variáveis extrafísicas intervenientes, súbitas (a exemplo do ataque direto de consciexes doentias); ou inépcia do assimilador energético, seja mulher ou homem.

**Desassim.** Cabe a lembrança: após a assim, deve haver a *desas*similação *sim*pática (desassim) a partir do estado vibracional. Empatia não significa *intoxicação energética.*

**Precisão.** A precisão quanto ao entendimento dos trafores, trafares e trafais (traços faltantes) das consciências envolve *calçar os sapatos do outro.* A empatia é imprescindível, pois a ótica de interpretação e vivência dos fatos é diferente de pessoa para pessoa. A empatia é profissional quando há assimilação simpática.

**Casuística.** A escritora Maria das Graças Razera escreveu sua tese de mestrado sobre o livro *As Ondas,* de Virginia Woolf. No processo de heteroconscienciometria de Woolf, Razera mergulhou fundo no universo da personalidade, *retificando* julgamentos superficiais *apressados* chancelados mundialmente quanto à consciência pesquisada. Fez, portanto, releitura justa do aspecto psicológico, da saúde, ações e etiologia de conflitos íntimos da intelectual inglesa. (v. **Jornal da Cognópolis;** ***Nas Ondas da Mudança;*** Entrevista com Graça Razera; Ano 14; N. 168; Foz do Iguaçu, PR; julho de 2009; página 3; **Razera,** G.; ***As Ondas: O Tempo do Romance de Virginia Woolf;*** Ed. Coluna do Saber; Cascavel, PR; 2009).

**Desestigmatização.** Tal *desestigmatização*, embasada em argumentação lógica e realista, realizada a partir de profunda empatia fraterna, foi auxílio providencial à *consciex* Virginia, facultando-lhe passar pela 2ª dessoma e a superação do suicídio.

**Interassistencialidade.** O curioso do fato está na reciprocidade da assistência: a consciex-cobaia, já rejuvenescida, passou de assistida a *amparadora* da escritora Razera.

**Máximas.** Depreendem-se, do fato, as máximas: *Quem compreende, assiste. Quem compreende, ama. Os amparadores compreendem.*

**Serenões.** Consciências evoluídas são *megaempáticas;* é o caso dos serenões.

**Filtro.** O mesmo fato vivenciado por indivíduos diferentes leva a reações diferentes. A singularidade dos microuniversos e o conjunto de experiências variadas ao longo de vidas produzem *filtros* diversificados intermediadores e moduladores da forma de assimilação do Universo. Até com os subumanos funciona assim.

**Projeciologia.** Em Projeciologia, tal filtro é denominado *Escala de Observação da Consciência.*

**Exemplo.** O solo, por exemplo, é entendido de diferente maneira pelo geólogo em relação ao agricultor; pelo botânico, em relação ao arqueólogo; pelo indígena, em relação ao engenheiro. E assim por diante.

**Questão.** Então, como vencer a barreira de apriorismos pessoais a fim de perscrutar e apreender a realidade alheia?

**Resposta.** A saída é a autopesquisologia e a autoconscienciometria; estudando a nós mesmos, com toda a complexidade imbuída no processo, correlacionando a personalidade e as reações pessoais com a seriéxis, multidimensionalidade e holossomática, alcança-se resultados práticos relevantes sobre a realidade intraconsciencial além da natureza humana. Partindo para o estudo conscienciométrico, pode-se perceber condições em nós identificadas repetindo-se nos outros. Somos todos consciências. Existem evidentes diferenças, mas também miríades de *similitudes*.

**Consensos.** Entendendo os mecanismos da fotossíntese, entende-se como o processo ocorre em praticamente todas as plantas que a realizam. Compreendendo como ocorre a respiração branquial, compreende-se como boa parte dos peixes adaptou-se ao meio aquático. Os *consensos* também podem ser aplicados à subjetividade consciencial.

**Conscienciologia.** A ciência da Consciência, a *Conscienciologia*, enfoca a autopesquisologia para alcançar a heterocompreensão partindo do princípio de sermos todos cobaias uns dos outros.

**Generalização.** No entanto, na Conscienciologia, a generalização é mais suscetível a falhas. É inevitável conviver com isso, classificando os fatos conforme os *padrões* (mínimo de 51% de incidência/prevalência) e as *exceções* (máximo de 49% de incidência/prevalência). A complexidade é árdua, porém não isenta o pesquisador ou a pesquisadora de encarar a consciência enquanto objeto de estudo.

**Libertação.** Estudando em detalhe a irracionalidade dos apriorismos pessoais, ocorre progressiva diminuição e, enfim, superação da amaurose na heteroconscienciometria.

**Cotejo.** Eis 30 cotejos exemplificando as características pensênicas ou comportamentais relacionadas à heteroconscienciometria apriorística em confronto com aquelas ligadas à heteroconscienciometria empática:

## Cotejo Heteroconscienciométrico

| Nºs | Heteroconscienciometria *Empática* | Heteroconscienciometria *Apriorística* |
|---|---|---|
| 01. | Agravantes e atenuantes | Agravantes *ou* atenuantes |
| 02. | Análise do holossoma | Análise do soma e psicossoma |
| 03. | Atender às necessidades do assistido pela tares, mesmo quando antipática | Angariar simpatia para si fazendo média (tacon) |
| 04. | Parceria com amparadores extrafísicos | Associação a guias cegos e assediadores extrafísicos |
| 05. | Ponderação das causas e efeitos | Carregamento nas tintas |
| 06. | Consciência-modelo: o serenão ou serenona | Consciência-modelo: o *próprio avaliador,* mulher ou homem, ou líderes religiosos e sociais |
| 07. | Conscin analisada: poliédrica | Conscin analisada: unifacética |
| 08. | Dimensão: Multidimensionalidade | Dimensão: Intrafisicalidade |
| 09. | Razão | Emoção |
| 10. | Estado consciencial em permanente evolução | Estado consciencial estabelecido e *inamovível* |
| 11. | Valorização dos megatrafores | Estigmatização negativa |
| 12. | Estímulo ao estabelecimento de prioridades evolutivas | Estímulo às priorizações imaturas e populistas |
| 13. | Transparência | Hipocrisia |
| 14. | Ausência de expectativa de gratificação | Interesses secundários |
| 15. | Isenção | Julgamento; parcialidade |
| 16. | Amor incondicional | Mágoa |
| 17. | Ataques francos relevados | Mal-entendidos supervalorizados |
| 18. | Escala evolutiva | Maniqueísmo |
| 19. | Opinião dos amparadores | Opinião pública |
| 20. | Impactoterapia; acareação | *Panos quentes* |
| 21. | Pesquisador e pesquisado: conscins-cobaia *complexas* | Pesquisador e pesquisado: conscins veladas *simples* |
| 22. | Referência consciencial negativa: a consréu | Referência consciencial negativa: a consciência impopular, destoante da maioria |
| 23. | Amizade; cordialidade; cortesia | Rivalidade; conflito; antipatias |
| 24. | Cotejo entre trafores e trafares | *Santificação* ou *demonização* |
| 25. | Intenção interassistencial autêntica | Segundas intenções |
| 26. | Relativização e perdão | Sentença e condenação |
| 27. | Cosmovisão erudita | Superficialidade amaurótica e ignorante |
| 28. | Conscienciograma | Teste vocacional |
| 29. | Valorização da invulgaridade | Valorização do comportamento medíocre |
| 30. | Seriéxis, através das retrocognições | Vida humana atual, somente |

**Monovisão.** A conscin sem visão da multidimensionalidade, da holossomática e da seriéxis, aprisionada à vida humana, acreditando piamente na morte da personalidade, será *sempre* apriorista nas abordagens conscienciométricas. Mesmo havendo boa intenção, haverá falta de recursos cognitivos e dados para análise.

**Experiências.** As experiências positivas e negativas acumuladas ao longo da seriéxis capacitam as consciências a entenderem outras que vivenciaram ou vivenciam situações similares. A autopesquisa leva à heterocompreensão; em geral, quem *sentiu na pele* certas dificuldades, entende quem passa pelo mesmo caminho.

**Autoridade.** A autoridade moral origina-se da autossuperação positiva, evolutiva, do contexto *penumbrento.*

***Rapport.*** A vivência similar leva ao estabelecimento de *rapport* energético entre as consciências envolvidas. Tal afinização é muito útil na heteroconscienciometria empática, interassistencial.

**Paracicatrizes.** As paracicatrizes do psicossoma expressam o grau de maturidade conquistada.

***A EMPATIA É SIMBOLIZADA PELO INTERCÂMBIO DA*** *PARACICATRIZ MADURA* ***DO ASSISTENTE COM A*** *PARAFERIDA ABERTA, SANGRANTE,* ***DO ASSISTIDO.***

## 10. Isca Assistencial Lúcida

**Definição.** *Isca Assistencial Lúcida* é a conscin chamariz parapsíquica equilibrada e autoconsciente, disposta a acolher temporariamente na psicosfera pessoal, sem perturbar-se, consciexes parapatológicas, ao modo de parapsicóticos pós-dessomáticos, conseneres, guias cegos, satélites de assediador, assediadores e megassediadores, aguardando oportunidade de encaminhamentos paraterapêuticos facultados pelos amparadores extrafísicos.

**Sinonímia:** 1. Isca extrafísica autoconsciente. 2. Conscin porta-asistidos. 3. Conscin-cegonha. 4. Conscin para-acolhedora. 5. Chamariz energético. 6. *Arapuca energética cosmoética.*

**Antonímia:** 1. Isca assistencial inconsciente. 2. *Esponja* extrafísica. 3. Conscin assediada. 4. Conscin asséptica.

**Chamariz.** A consciência com pronunciada força presencial cosmoética é chamariz energético atraente, às vezes *irresistível*, às consciexes carentes de energias. Daí o curioso termo *isca.*

**Metáfora.** A isca assistencial autoconsciente pode ser associada metaforicamente à *árvore porta-ninhos* e ao *caminhão-cegonha.*

**Pré-requisito.** Dominar a iscagem extrafísica com diminuição progressiva das assimilações energéticas antipáticas é pré-requisito inafastável da desperticidade.

**Interassistencialidade.** O desperto realiza assistência *inter*dimensional. O atendimento às consciexes doentes pela conscin, na vigília física, ocorre em grande parte mediante a iscagem lúcida.

**Origem.** Eis 8 exemplos de origens dos assistidos extrafísicos:

1. **Ambiente.** Ligados a ambientes.

2. **Consciexes.** Vinculados a outras consciexes (algozes de consciexes ou satélites de assediadores).

3. **Conscins.** Relacionados a conscins.

4. **Grupo.** *Masterminds* de assédios grupais.

5. **Ideias.** Mantenedores de determinadas ideologias.
6. **Poder.** Associados a estruturas de poder.
7. **Religiões.** Prosélitos extrafísicos.
8. **Viciações.** Apologistas de vícios.

**Destino.** Eis 6 exemplos de destinação dos encaminhamentos das consciexes iscadas:

1. **Para-hospitais.** Terapêutica.
2. **Acareações extrafísicas.** Resolução de interprisões grupocármicas.
3. **Comunidades Extrafísicas.** Ressocialização, trabalho e restabelecimento.
4. **Paraescolas.** Educandários extrafísicos para reeducação consciencial.
5. **Reurbanizações.** Ressomas necessárias.
6. **Transmigração.** Derradeira providência, extrema.

**Tempo.** O tempo de permanência das consciexes junto ao assistente, mulher ou homem, é determinado de acordo com as necessidades do paciente extrafísico. Por exemplo, a observação da rotina e dos exemplos diários da conscin-isca durante *dias* podem ser a chave para o despertamento da consciência iscada. Em caso diverso, alguns *minutos* em contato com a energia humana densa podem ser suficientes para reequilibrar a consener *baratinada.*

**Número.** A quantidade de assistidos varia de acordo com o *fôlego* da isca assistencial autoconsciente. Quanto maior a experiência e a capacidade de resistência sem contaminação, maior o limite de *paralotação.*

**Inalterabilidade.** A presença da consciex doente pode levar a certo desconforto energético, sem, porém, ocorrer alteração do raciocínio, do estado de humor ou a inserção de cunhas mentais.

**Fadiga.** Nas fases de adaptação à iscagem, pode haver consumo energético e fadiga, sendo necessária atenção à quantidade e qualidade da ingesta alimentar, a realização de exercícios físicos regularmente, a qualificação do trabalho com as energias e a adequação da carga horária de sono.

**Vontade.** A consciex permanece iscada voluntariamente ou contra a sua vontade, a depender da especificidade da assistência realizada.

**Contenção.** Há situações nas quais a consciex perturbada é contida pela iscagem, sob a supervisão dos amparadores, ao modo de *camisa-de-força energética,* neutralizando o assédio em vigência. O estratagema tem evitado ou minimizado tumultos e *tragédias* por toda parte.

**Omissos.** Os fatos e parafatos negativos evitados pelos amparadores em parceria com a isca assistencial lúcida não estão estampados nos jornais. São situações gloriosas omissas, anônimas, sem aclamação humana.

**Parapsicoteca.** A extensão das consequências dos atos assistenciais da conscin-isca só poderá ser aquilatada após a dessoma, com o acesso à *parapsicoteca.*

**Tenepes.** Quando a conscin é tenepessista, os assistidos extrafísicos podem ser alocados na psicosfera do assistente até a sessão da *ta*refa *ene*rgética *pes*soal (tenepes).

**Ofiex.** Com o avanço da tenepes, advém a *of*icina *ex*trafísica (ofiex), ocasionando defasamento da iscagem extrafísica: as consciexes assistidas podem seguir direto para a ofiex, sem *baldeações.*

**Conversão.** Eis 15 condições geradoras da *conversão* da iscagem extrafísica consciente em *assédio interconsciencial,* em ordem alfabética:

01. **Antiexemplo.** Apresentar-se enquanto antiexemplo evolutivo ao assistido extrafísico iscado.

02. **Antissinalética.** Desconhecer a própria sinalética energética parapsíquica.

03. **Autodesconhecimento.** Ser manipulável emocionalmente a partir de elogios ou críticas, mesmo *fajutos.*

04. **Autoindisciplina.** Cultivar autoindisciplina em geral, com o corpo humano, higiene, pensenes e rotina, por exemplo.

05. **Autovitimização.** Ser autovitimizado contumaz.

06. **Covardia.** Atribuir culpa de seu mal-estar a outras consciências.

07. **Depressão.** Deprimir-se com a presença do assistido.

08. **Difamação.** *Falar* mal dos outros.

09. **Emocionalismo.** Instabilidade quanto às emoções; ceder costumeiramente às irritações, melindres e crises de raiva.

10. **Infantilidade.** Puerilidade sustentada.

11. **Medo.** Manutenção pusilânime de medos irracionais.

12. **Parapsiquismo.** Ser incipiente ou insipiente quanto ao parapsiquismo (amadorismos). Só deve botar banca quem tem competência.

13. **Patopensene.** *Pensar* mal dos outros.

14. **Submissão.** Ter comportamento habitual submisso, liderado.

15. **Surto.** Apresentar surto de imaturidade, mania ou psicose durante a iscagem.

**Condições.** Eis 12 condições requeridas à isca assistencial autoconsciente, em ordem alfabética:

01. **Abertismo.** Universalismo não-sectário, neofílico; abolição de apriorismos, preconceitos e pré-julgamentos superficiais.

02. **Acolhimento.** Comportamento acolhedor, acessível, com autodisponibilidade consciencial.

03. **Autoconscienciometria.** Autoconfiança quanto ao *status quo* evolutivo pessoal, sem ilusões, fragilidades ou melindres, cerrando portas de entrada para xenopensenes; autenticidade.

04. **Desassombro.** Eliminação de quaisquer resquícios de *medo de consciexes;* equilíbrio emocional ante psicossomas deformados, mutilações, sangue, vômito ou excrementos; inalterabilidade ante odores ofensivos; extinção da *frescura.*

05. **Energias.** Traquejo com a assimilação simpática, exteriorização de energias, desassimilação simpática e o estado vibracional.

06. **Excessos.** Evitação de excessos espoliadores do corpo físico.

07. **Higiene consciencial.** Esquecimento proposital de ofensas; perdão *fácil* a outras consciências; corte de ruminações mentais negativas.

08. **Humor.** Estabilização do humor, minimizando labilidades emocionais; anulação definitiva da irritação, das manias e da distimia.

09. **Pensenidade.** Abolição de pensamentos negativos, evocações inúteis de trafares alheios e imaginação indisciplinada, incluindo as *fantasias sexuais*; emanação atinada de pensenes de otimismo e de megafraternidade.

10. **Priorização.** Priorização ao máximo, e quanto possível, de assuntos, ambientes e companhias melhores.

11. **Seriedade.** Seriedade e discrição quanto aos fatos vivenciados.

12. **Sinalética.** Desenvoltura na interpretação da própria sinalética energética parapsíquica: a conscin inexperiente confunde o *lobo* (assediador) com o *cordeiro* (amparador).

***A ISCAGEM LÚCIDA PERMITE***
***À CONSCIN SAIR DO PRIMARISMO***
***ASSISTENCIAL E VIVENCIAR, AMIÚDE,***
*EXTRAPOLAÇÕES DE DESPERTICIDADE.*

## 11. Paradiagnóstico

**Definição.** *Paradiagnóstico* é a identificação de características, distúrbios, síndromes, talentos ou relação global de causa e efeito das ações da consciência, abrangendo a multidimensionalidade, a holossomática e a seriéxis, a partir da utilização de técnicas parassemiológicas para aquisição de dados.

**Sinonímia:** 1. Diagnóstico da consciência integral. 2. Descoberta paraterapêutica. 3. Exercício da Paramedicina. 4. Elucidação de caso paraclínico.

**Antonímia:** 1. Diagnóstico clínico. 2. Doença somática isolada. 3. Erro diagnóstico.

**Pré-requisito.** O paradiagnóstico é pré-requisito à paraterapêutica; não existe tratamento *aleatório* eficaz.

**Medicina.** Na Medicina, o raciocínio clínico procura correlacionar e associar sinais e sintomas encontrados, às vezes isolados, díspares ou não mencionados, às prováveis doenças e síndromes.

**Semiologia.** Sinais e sintomas são hauridos pela *Semiologia Médica*, ou seja, o conjunto de técnicas incluindo entrevista, roteiro sistemático para exame físico, manobras específicas e testes ambulatoriais, objetivando a correta extração de dados do paciente e o acúmulo de informações relevantes para a elaboração da hipótese diagnóstica.

**Exames.** A partir da suspeita clínica, solicitam-se exames laboratoriais, radiológicos ou outros, condizentes com a hipótese inicial.

**Exclusão.** Certas condutas médicas são realizadas para exclusão diagnóstica, ou seja, o afastamento profilático da suspeição de certos agravos à saúde.

**Presuntivo.** Tratamentos empíricos podem ser realizados a partir de diagnósticos presuntivos, quando não se tem confirmação laboratorial ou todos os dados para o fechamento do diagnóstico, porém o quadro clínico é exuberante e característico.

**Universo.** Na *Paraclínica*, o universo de achados para a elaboração de hipóteses diagnósticas é mais abrangente.

**Paramedicina.** A Medicina investiga e trata a partir do Paradigma Materialista e da intrafisicalidade, confinada ao corpo físico e a apenas uma vida humana. A Paramedicina perscruta o holossoma, as inúmeras existências terrestres vividas, a inter-relação entre as dimensões e os efeitos na saúde gerados pela interconsciencialidade.

**Parassemiologia.** A Semiologia Médica tem valor limitado no complexo e intrincado campo de pesquisa paraterapêutica. Para tanto, são apropriadas as técnicas da *Parassemiologia*, envolvendo uso profissional das energias conscienciais, do parapsiquismo e a relação com os amparadores extrafísicos (*fontes anônimas*) na auferição de sinais e sintomas globais da consciência.

**Técnicas.** Eis 12 exemplos de *técnicas parassemiológicas* utilizadas para a elaboração das hipóteses paradiagnósticas, relativas a conscins ou a consciexes, enumeradas na ordem progressiva das abordagens:

01. **Para-anamnese.** Entrevista com a consciência, registrando: queixas; ideias; palavras; associações ideativas corretas, defeituosas ou equivocadas; história pregressa de vida; relações interconscienciais; experiências; revisão do *status* atual do soma (se for o caso), energossoma, psicossoma e mentalsoma; qualificação da intencionalidade real da consciência e seus interesses; inquirição sobre o grau de parapsiquismo e vivência parafenomenológica; e outros, conforme o encaminhamento do raciocínio paraclínico.

02. **Assim.** Uso deliberado da assimilação simpática para psicometria da psicosfera da consciência em foco.

03. **Sinalética.** Discriminação dos sinais energéticos e parapsíquicos pessoais ocorrendo durante o trâmite.

04. **Clarividência.** Utilização da clarividência facial na conscin durante a entrevista, com o objetivo de entrever outras dimensões, consciências e fatos relacionados à personalidade assistida.

05. **Telepatia.** Abertura mental à telepatização de inspirações dos amparadores extrafísicos durante o colóquio.

06. **Retrocognições.** Recepção isenta de *flashes* retrocognitivos relacionados ao indivíduo, ou do passado de *si mesmo com o assistido,* mulher ou homem.

07. **Precognições.** Acolhimento de sensações, visões ou pressentimentos sobre o futuro a curto prazo, mediato ou a longo prazo.

08. **Intermissivo.** Avaliação da possibilidade da personalidade em questão ter participado de curso intermissivo ou, inclusive, se foi o *mesmo curso intermissivo* do assistente, mulher ou homem. (v. **Vieira**, W.; ***Projeciologia: Panorama das Experiências da Consciência Fora do Corpo Humano;*** IIPC; 4ª Ed.; Rio de Janeiro, RJ; Brasil; 1999; páginas 817 a 821).

09. **Parainspeção e exame.** Parainspeção e exame minucioso do holossoma:

A. **Soma:** coloração, textura e higidez da pele; aspecto do olhar; gestual; postura; atitude; tiques; sestros; odor; sensações do toque; timbre da voz; entonação; ruídos fisiológicos; constituição; biotipo; aspectos culturais, de época ou religiosos impressos na aparência; vestuário, penteado, acessórios, perfume, maquiagem, sapatos.

B. **Energossoma:** diâmetro, coloração e movimentação da aura; aspecto dos chacras; visualização do chacra dominante e dos bloqueios energéticos; verificação da presença de ectoplasma; expansões das energias; averiguação se há consciexes imantadas nas energias do assistido; morfopensenes gravitantes; nível do domínio das energias.

C. **Psicossoma:** morfologia do psicossoma; presença ou ausência de deformidades, feridas ou distorções; observação da aparência: rejuvenescida ou decrépita; qualificação do impacto: presença agradável ou perturbadora; vestuário plasmado; grau de mutabilidade; desenvoltura com o veículo; capacidade ou incapacidade de volitar; irrompimento do psicossoma; descoincidências; habilidades projetivas; emoções predominantes expressas.

D. **Mentalsoma:** sinapses; parassinapses; nível cognitivo; dicionário analógico e de sinônimos; memória; qualidade dos pensamentos; obcecações mentais; batopensenes; criptopensenes; patopensenes; megapensenes; ortopensenes; cosmopensenes; criatividade; grau de racionalidade e compreensibilidade; descoincidências; expansões; projeções; vivência de cosmoconsciência.

10. **Seriéxis.** Investigação parapsíquica a respeito das vidas anteriores da consciência e seus períodos de intermissão.

11. **Dessomas.** Discriminação dos tipos de dessoma ocorridos com a pessoa em existências pregressas, possíveis fontes de fixação emocionais, fobias ou traumas.

12. **Conscienciograma.** Pesquisa de atributos conscienciais, trafores, trafares e dos veículos de manifestação através do Conscienciograma. Aferição do nível evolutivo. (v. **Vieira**, W.; ***Conscienciograma: Técnica de Avaliação da Consciência Integral;*** IIPC; Rio de Janeiro, RJ; Brasil; 1996).

**Fidedignidade.** O conscienciograma demonstrará maior fidedignidade quando os outros itens da Parassemiologia forem aplicados a contento.

**Panorama.** O assistente, mulher ou homem, dispondo de tais técnicas, ampliará o cabedal de achegas para compor o panorama diagnóstico hipotético, inicial, do caso em estudo.

***Rapport.*** Pela Evoluciologia, no início, o paradiagnóstico é mais fiel quando há *rapport* entre assistido e assistente, em especial, quando tiveram experiências de vida similares.

**Paratítulos.** As *vivências* do pesquisador ou pesquisadora constituem *paratítulos honoríficos* habilitando-os às pesquisas de temas especializados. Por exemplo, a pessoa em processo de cura do transtorno do déficit de atenção e hiperatividade, compreendendo em minúcias o próprio quadro, diagnosticará com acurácia indivíduos afetados e oferecerá alternativas já experimentadas de autossuperação. (v. **Razera**, G.; ***Hiperatividade Eficaz;*** IIPC; Rio de Janeiro, RJ; 2001).

**Antiegoísmo.** Quando a conscin obtém sucessos em paradiagnósticos *diversificados*, indica libertação parcial do egoísmo e das demandas íntimas dispendiosas; consegue calar os *reme-remes* pessoais para dedicar-se ao estudo de outras consciências com clareza razoável.

**Profissionalização.** A evolução da iscagem assistencial lúcida passa pelo paradiagnóstico. O serviço profissional da isca torna-se personalizado de acordo com as necessidades específicas de cada consciex assistida. O paradiagnóstico deixa de ser tarefa exclusiva dos amparadores extrafísicos para tornar-se também responsabilidade da conscin-isca.

**Empatia.** Com a estabilização das habilidades parassemiológicas e da maturidade teática, a consciência expande o campo de investigação paradiagnóstica para casos paraclínicos além do universo de autoexperiências, utilizando-se de *empatia técnica.* A proposição baseia-se no princípio: não é necessário experimentar *tudo* para saber distinguir o melhor do pior, para a evolução. A Cosmoética vivida, e consequente autodiscernimento, do experimentador veterano fornecem ponderações e antevisões sobre as opções evolutivas acendradas ou as imprestáveis.

**Maxiempatia.** Os Evoluciólogos engendram planos paraterapêuticos grupais a partir de paradiagnósticos individuais e coletivos, utilizando-se, dentre outros recursos, de *maxiempatia técnica.*

**Megaempatia.** A *megaempatia técnica,* natural no *Homo sapiens serenissimus,* não depende de emoções, e sim da *articulação racional* das prováveis reações da consciência estudada. As informações indispensáveis para a formulação das probabilidades encontram-se no conhecimento extenso sobre as vidas (inclusive as *subumanas*) daquela consciência e no entendimento da linha de evolução por ela adotada a partir das experiências críticas, divisoras de águas.

**Parajurisprudência.** Pela Policarmologia, mesmo com as surpreendências conscienciais de exceção, raramente o Serenão erraria no paradiagnóstico pela compreensão sedimentada da complexa lei de ação e reação, demonstrada através da *parajurisprudência.*

**Mentalsoma.** A evolução da empatia inicia-se na *compaixão psicossomática* e ascende aos poucos para a *racionalidade mentalsomática* pura e para os sentimentos evoluídos. A qualificação técnica da empatia avança conforme o percentual de emprego do mentalsoma nas análises.

***A excelência nos paradiagnósticos, seguido pela paraterapêutica precisa, aproxima a conscin pré-desperta do holopensene dos Evoluciólogos.***

# 12. Rotina Útil Parapsíquica

**Definição.** *Rotina Útil Parapsíquica* é o conjunto de ações diárias, repetitivas e prioritárias relacionadas ao parapsiquismo visando o desenvolvimento e a utilização *produtiva* das parapercepções, sem prejuízo às atividades humanas regulares.

**Sinonímia:** 1. Autodisciplina parapsíquica prolífica. 2. Organização diuturna paraperceptiva. 3. Cotidiano produtivo do sensitivo.

**Antonímia:** 1. Caos das parapercepções. 2. Autodesorganização parapsíquica. 3. Rotina materialista. 4. Rotina parapsíquica inútil.

**Minudências.** A rotina útil é edificada a partir de bons hábitos, contemplando minudências na elaboração, planejamento e execução das ações.

**Objetivo.** Objetiva otimizar as performances evolutivas da conscin, organizando tempo e esforços.

**Autoparapsiquismo.** Na *rotina útil parapsíquica,* insere-se o autoparapsiquismo no âmbito das atividades diuturnas habituais.

**Variáveis.** Vale a sensitiva ou sensitivo interessado considerar, dentro da rotina útil parapsíquica, as 40 variáveis exemplificadas a seguir em ordem alfabética, permeando o planejamento de ações e os hábitos pessoais:

01. **Agenda extrafísica.** As programações das projeções conscientes.

02. **Alcova blindada.** O quarto de dormir imune às intrusões assediadoras.

03. **Amparadores.** A convivência com as consciexes assistentes.

04. **Arco voltaico.** Técnica crítica de paradiagnóstico e paraterapêutica.

05. **Assepsia energética de ambientes.** Limpezas energéticas deliberadas.

06. **Assimilações simpáticas.** As interfusões energéticas inevitáveis.

07. **Atenção dividida.** A convivência harmoniosa *intrafisicalidade-extrafisicalidade.*

08. **Autorretrocognições.** As vidas passadas relembradas e aplicadas à interassistencialidade.

09. **Balonamento.** A expansão da aura e a descoincidência do psicossoma.

10. **Centrais extrafísicas.** A interação com as fontes extrafísicas irradiadoras.

11. **Chacras.** Os vórtices energéticos ativos e funcionais.

12. **Ciclo de Primaveras Energéticas (cipriene).** A primener continuada.

13. **Clariaudiências.** A audição multidimensional.

14. **Clarividências.** A visão frontochacral.

15. **Consciexes doentias.** Os megassediadores, os assediadores, os satélites de assediadores, as conseneres, os guias cegos e os parapsicóticos pós-dessomáticos.

16. **Desassédios.** Autodesassédio e heterodesassédio.

17. **Desassimilações simpáticas.** Emprego do estado vibracional e da higiene consciencial.

18. **Desbloqueios corticais.** Eliminação de assédios, em geral.

19. **Descoincidência vígil.** A descoincidência do psicossoma fora do período do sono.

20. **Diário técnico projetivo.** As anotações projetivas.

21. **Doação de energias.** Interassistencialidade parapsíquica prática.

22. **Ectoplasmia.** A ocorrência de materializações e efeitos físicos.

23. **Estado Vibracional (EV).** Ferramenta de auto-higienização energética.

24. **Extrapolações.** As vivências fugazes de novos patamares evolutivos.

25. ***Insights.*** As inspirações extrafísicas oportunas.

26. **Irrompimento do psicossoma.** O preâmbulo da semiconsciexialidade.

27. **Iscagem assistencial lúcida.** A teática da interassistencialidade multidimensional.

28. **Ofiex.** Oficina extrafísica atuante.

29. **Pangrafia.** A escrita multiforme parapsíquica.

30. **Precognições.** As previsões precisas dos fatos.

31. **Primener.** A primavera energética.

32. **Projeções conscientes.** A atividade laboral durante o repouso somático.

33. **Psicofonia.** As vocalizações nas semipossessões benignas.

34. **Psicometria.** A leitura energética aguçada.

35. **Semipossessões benignas.** A profissionalização parapsíquica.

36. **Simulcognições.** A informação adquirida através do parapsiquismo concomitante à ocorrência do fato.

37. **Sinalética energética.** Ferramenta indispensável ao convívio lúcido com consciexes e às psicometrias.

38. **Sincronicidades.** Os sinais do Cosmos a serem lidos e aproveitados nas autorreflexões e tomadas de decisões.

39. **Soltura do mentalsoma.** As expansões paracognitivas.

40. **Tenepes.** A tarefa interassistencial diária, para o resto da vida humana.

**Complexidade.** A complexidade está na integração de tais fatores, com naturalidade, ao fluxo das atividades humanas diárias.

**Prioridades.** A rotina útil parapsíquica é conquistada a partir do redimensionamento das prioridades da conscin; as atividades multidimensionais interassistenciais exigem maior cosmoética, seletividade e racionalidade na escolha e organização dos afazeres pessoais.

**Sub-rotinas.** A organização do cotidiano com o parapsiquismo também deve contemplar a flexibilidade necessária às ocorrências intrafísicas e extrafísicas inesperadas, ou as *sub-rotinas.*

**Sincronicidades.** A valorização das sincronicidades sutis na vida diária auxilia na *ra*tificação ou *re*tificação de condutas e de decisões quanto ao futuro e às opções evolutivas.

**Ações.** Eis, em ordem alfabética, 12 exemplos de ações práticas relacionadas à rotina útil parapsíquica:

01. **Arquivística.** Adoção de arquivística funcional e prática, de acordo com o estilo pessoal, facilitando o acesso aos dados da autopesquisa, valiosos. Para os desorganizados, na *bagunça* da gaveta pode dormir o papel amassado, perdido, com a ideia original preciosa, contudo, desvalorizada.

02. **Detalhes.** Valorização dos mínimos detalhes das vivências parapsíquicas no cotidiano, sem perfeccionismos. A *pérola negra* é a minúcia no fundo do mar. O *veio aurífero* é o pormenor na crosta terrestre. A *sutileza* é indissociável ao parapsiquismo.

03. **Energias.** Investimento técnico no domínio das 40 manobras de energias (v. **Vieira**, W.; ***Projeciologia;*** IIPC; 4ª. Ed.; Rio da Janeiro, RJ; 1999; páginas 586 e 587).

04. **Iscagem.** Iscagem assistencial lúcida *sem queixas.*

05. **Manual.** Escrita do manual parapsíquico próprio, o *livro do mestre*, à mão para consultas e enriquecimentos.

06. **Norteadores.** Implementação do parapsiquismo e dos *parafatos* enquanto norteadores prioritários, indicadores decisivos das autodecisões.

07. **Parapsíquicas.** Busca deliberada pelo convívio com conscins parapsíquicas, tirando proveito do efeito *psi-estimulador.*

08. **Qualidade.** Imprimir qualidade em tudo na vida. Por exemplo, quem quer melhorar o parapsiquismo não pode fazer registros em folhas de rascunho, amassadas ou escrever a lápis; opta pelo melhor papel, a caneta apropriada, o local ideal para armazenamento dos dados. O grau de valorização das experiências da conscin pode ser medido a partir de ínfimos *detalhes.*

09. **Registro.** Registro de ideias, vivências e projeções conscientes, arquivando-as. Posteriormente, as informações podem ser compiladas e associadas, dando a panorâmica do autoparapsiquismo. Há fenômenos que são comprovados ou compreendidos dias, meses ou *anos* depois de ocorrido.

10. **Sexo.** Esforço pelo sexo diário maduro, ativador da *kundalini.*

11. **Técnicas.** Execução disciplinada de técnicas de desenvolvimento parapsíquico específicas, sem solução de continuidade. Podem

ser técnicas projetivas, energéticas, de clarividência, ou outras. A conscin verifica a *prioridade* de investimento na ocasião.

12. **Tenepes.** Anotação de experiências interessantes oriundas da tenepes, evitando, cosmoeticamente, fixar nomes e casos dos assistidos.

**A FUNÇÃO DA ROTINA ÚTIL PARAPSÍQUICA**
**É** *OTIMIZAR O USO DAS PARAPERCEPÇÕES*
**PARA O ATENDIMENTO ASSISTENCIAL**
**PRIORITÁRIO ÀS CONSCIÊNCIAS EM GERAL.**

**Pares.** É preciso saber levar de eito variáveis aparentemente díspares, contudo profundamente inter-relacionadas, na rotina útil parapsíquica. Eis, por exemplo, 60 variáveis de interação complexa, aos pares, desafiadoras quanto à compatibilização harmônica dentro da rotina útil parapsíquica avançada:

01. A anatomia e a para-anatomia.
02. A assim e a desassim.
03. A assimetria e a simetria.
04. A audição e a para-audição.
05. A autoevolução e a evolução grupal.
06. A autonomia e a passividade alerta.
07. A autopensenidade e a cosmovisão.
08. A carreira intrafísica e a maxiproéxis.
09. A concentração da atenção e a atenção dividida.
10. A condição de minipeça e o maximecanismo.
11. A conduta de autoimperdoador e de heteroperdoador.
12. A cronêmica e a atemporalidade.
13. A dimensão intrafísica e a extrafísica.
14. A dupla evolutiva e as consciências do Cosmos (megafraternidade).
15. A Ética humana e a Cosmoética.

16. A família nuclear e a família consciencial (Grupocarmalidade).
17. A feminilidade e a mentalsomática.
18. A fisiologia e a parafisiologia.
19. A fugacidade e a imortalidade.
20. A genética e a paragenética.
21. A ideia comum e a ideia original.
22. A individualidade e o Cosmos (Universalismo).
23. A intencionalidade e o autodiscernimento.
24. A introspecção e a extroversão.
25. A invéxis e a mesologia.
26. A invéxis e a tenepes.
27. A memória e a holomemória.
28. A modéstia e a autoconfiança.
29. A personalidade forte e a semipossessão benigna.
30. A proéxis atual e os autorrevezamentos.
31. A retrocognição e a precognição.
32. A simulcognição e a precognição.
33. A Socin e a Sociex.
34. A vida humana e as projeções conscientes (*dupla vida*).
35. A virilidade e a afetividade.
36. A visão e a paravisão.
37. As aquisições culturais e as ideias inatas (curso intermissivo).
38. As energias conscienciais e as energias imanentes.
39. As facetas *yin* e *yang*.
40. As obrigações intrafísicas e as gestações conscienciais magnas.
41. O apego e o desapego.
42. O autodesassédio e o heterodesassédio.
43. O autopensene e o xenopensene.
44. O autossacrifício cosmoético e a conduta antissofrimento.
45. O cérebro e o paracérebro.
46. O detalhismo (exaustividade) e o generalismo (*Tudologia*).

47. O egocarma e o policarma.
48. O fato e o parafato.
49. O fortalecimento do ego e a megafraternidade.
50. O megatrafar e o megatrafor.
51. O megatrafor e o materpensene.
52. O mentalsoma e o parapsiquismo.
53. O olfato e o paraolfato.
54. Os assediadores e os amparadores.
55. Os criptocons e os adcons.
56. O secundário e o prioritário.
57. O sexochacra e o coronochacra.
58. Os interesses pessoais e a isenção cosmoética.
59. O *slow motion* (externo) e o taquipsiquismo (interno).
60. O tato e o paratato.

**Coesão.** A vida humana e a extrafisicalidade não são universos segregados. De fato, formam todo único e coeso.

***A ROTINA ÚTIL PARAPSÍQUICA É RECURSO ORGANIZACIONAL PROMOVENDO A*** *HOMOGENEIZAÇÃO HARMONIOSA* ***DA REALIDADE COM A PARARREALIDADE.***

## 13. Experimentos Laboratoriais da Consciência

**Definição.** *Experimentos Laboratoriais da Consciência* são testes científicos conduzidos mediante variáveis técnicas de observação e interpretação, voltados às novas descobertas no estudo da consciencialidade, da multidimensionalidade e do Cosmos em geral, sendo a racionalidade e o senso crítico, elementos fundamentais na análise dos resultados.

**Sinonímia:** 1. Balão de ensaio consciencial. 2. Testagens científicas críticas. 3. Experiências pró-verpons.

**Antonímia:** 1. Crença. 2. Dogma. 3. Fraude científica. 4. Vieses pesquisísticos. 5. Misticismo. 6. Teoria sem prática.

**Minúcias.** Pela Parapercepciologia, a investigação das *minúcias fenomenológicas* faz-se necessária para o descortino da complexidade das interações multidimensionais. Os experimentos laboratoriais consecutivos possibilitam alcançar descobertas originais a partir da perquirição de detalhes conteudísticos ainda não explorados.

**CEAEC.** O CEAEC – *Associação Internacional do Centro de Altos Estudos da Conscienciologia* – é a Instituição Conscienciocêntrica cujo megafoco é o aprofundamento teórico e prático, vivencial, da especialidade conscienciológica *Parapercepciologia.*

**Localização.** O CEAEC está situado em local pleno de energia imanente.

**Locais.** Dentre os ambientes preparados à condução de experimentos no CEAEC, elencam-se o *Tertuliarium,* o Holociclo e os Laboratórios Conscienciológicos de Autopesquisa, incluindo aí o *Acoplamentarium.*

**Natureza.** Eis, em ordem alfabética, 18 aspectos específicos da *Natureza* presentes no CEAEC, otimizadores do autoparapsiquismo em decorrência da interação *energia imanente-parapercepções* (Ano-base: 2009):

01. **Botânica.** A ampla variedade de espécies botânicas; o gramado verde nas estações quentes e a mata densa nas cercanias.

02. **Canto.** O canto variegado dos pássaros.

03. **Céu.** O céu límpido, sem poluição.

04. **Crepúsculo.** O crepúsculo com colorido ímpar.

05. **Eoloenergia.** As brisas e ventanias desintoxicantes.

06. **Estações.** Estações do ano demarcadas, levando às alterações de temperatura, influências no ambiente e alterações fisiológicas.

07. **Flores.** As flores multicoloridas dos *jardins do CEAEC:* agapantos, amarílis, azaleias, beijinhos, vincas, rosas, bulbinis, lavanda, orquídeas, orquídeas da terra, gardênias, madressilvas, sete léguas, onze horas, *bougain víllea*, gerânios, floração do ipê, flores de laranjeira, dentre outras.

08. **Frutos.** A árvore carregada de frutos comestíveis.

09. **Geada.** O gramado todo branco, no outono e inverno, coberto pela geada.

10. **Geoenergia.** O solo fértil, vermelho vivo (*terra roxa*).

11. **Hidroenergia.** Chuvas torrenciais; o rio Tamanduazinho correndo próximo ao laboratório *Acoplamentarium.*

12. **Ninhos.** Os ninhos de pássaros nas árvores e trepadeiras; os ninhos de joão-de-barro.

13. **Perfumes.** Os perfumes suaves da lavanda, rosa, gardênia, flor de laranjeira e orquídea em floração.

14. **Pingo.** O corredor de quase 2 metros de altura de pingo de ouro, contornando o Caminho da Lógica.

15. **Temáticos.** Os jardins temáticos: cactos, jardim japonês; o canteiro de *papiros.*

16. **Temperatura.** A variação vigorosa da temperatura diária.

17. **Trepadeira.** A trepadeira *sete léguas* adornando e *afogando em verde* o transeunte do caminho da lógica.

18. **Zoologia.** As inúmeras espécies de animais subumanos.

**Humanos.** Eis, em ordem alfabética, 19 elementos e artefatos materiais humanos dispostos no CEAEC, neutros ou *comuns* para o leigo, no entanto, *estimuladores* do autoparapsiquismo e da recuperação de cons para o sensitivo em desenvolvimento (Ano-base: 2009):

01. ***Acoplamentarium.*** O *laboratório grupal* do parapsiquismo.

02. **Agrotecnia.** O uso de *estopas, arames, lonas plásticas, garrafas pet, barbantes* e *vasos com orifícios laterais* para aplicação de técnicas criativas de irrigação, cultivo e proteção de mudas das geadas e do sol intenso. A inteligência humana beneficiando a botânica (fitoconvivialidade).

03. **Arco.** O *arco metálico* coberto por *madressilvas* na entrada do CEAEC.

04. **Bancos.** Os *bancos* situados sob as árvores e tendas.

05. **Bustos.** Os atuais 33 *bustos* de personalidades históricas positivas e exitosas nas linhas de atuação. Reflexão sobre as genialidades conscienciais e estímulo à criatividade.

06. **Dicionários.** Os 5.100 *dicionários* e 417.000 *cosmogramas* dispostos em ordem, horizontalmente, em vasto espaço no Holociclo.

07. **Estátua.** A *estátua* de aspecto feminino no gramado, inspirada na Arte grega clássica da Antiguidade.

08. **Estufas.** As *estufas* com plantações de hortaliças e morangos.

09. **Holociclo.** Local das *efervescências* mentaissomáticas e parapsíquicas.

10. **Holoteca.** *Exposições* na Holoteca (276 tecas): 82.106 obras, fotografias, *banners* e peças temáticas de coleção, totalizando 691.115 itens expostos.

11. ***Hospital.*** O *hospital* de animais subumanos na *Basecat* (Cosmoética).

12. **Laboratórios.** A visão dos 17 *Laboratórios Conscienciológicos.*

13. **Mesa.** A *megamesa* de mármore branco na qual os pesquisadores do Holociclo realizam suas pesquisas e tarefas.

14. **Placas.** As *placas* com informações sobre fauna e flora locais, dispersas ao longo do *Campus.* A placa com a inscrição *Caminho da Lógica.*

15. **Ponte.** A *Ponte da Intercompreensão,* possibilitando a interação direta com o rio *Tamanduazinho* e natureza circunjacente.

16. **Porta-canetas.** O *porta-canetas* de vidro na megamesa.

17. ***Tertuliarium.*** O *Tertuliarium*, destacando-se qual *nave espacial amarelo-ovo* em meio à mata, com capacidade para 362 lugares.

18. **Torres.** As *torres* de papel em branco no Holociclo.

19. **Trilha.** A *trilha* de concreto, via de circulação das conscins no *Campus* (Holochacralogia), em especial, o Caminho da Lógica.

**Veterano.** Para o sensitivo, o contato com ambiente de tal qualidade favorece a saída do amadorismo no uso das parapercepções, alcançando o nível de *veterano*.

**Realimentação.** A chegada contínua de pesquisadores sensitivos realimenta o materpensene da Instituição, que, por sua vez, incrementa as parapercepções das conscins em geral.

**Fôrma.** Tal *feedback* positivo, com a manutenção e sedimentação da fôrma holopensênica parapercepciológica, tem utilidade para o desenvolvimento parapsíquico de *todos*.

**Doação.** Daí a importância assistencial da presença de conscins pesquisadoras sensitivas hígidas no CEAEC, somando esforços através da *doação do autoparapsiquismo,* em especial.

## I – *Tertuliarium*

**Tertúlias.** As *Tertúlias Conscienciológicas*, realizadas no *Tertuliarium* e exibidas gratuitamente através da *internet* em tempo real (Ano base: 2009), envolvendo debates conscienciológicos, podem estimular as parapercepções através de 21 fatores, por exemplo, em ordem alfabética:

01. **Amparadores.** Facilidade de contato com amparadores extrafísicos.

02. **Cons.** Sensação de entendimento real, *paracognitivo*, de ideias antes obscuras ou semicompreendidas.

03. **Consciexes.** Identificação de diferentes perfis de consciexes presentes, inclusive dos acompanhantes extrafísicos das conscins participantes da tertúlia.

04. **Cosmovisão.** Exigência de cosmovisão para entendimento de determinados temas transcendentes, sendo inarredável a utilização do parapsiquismo e parassinapses, além do intelecto, para assimilação do conteúdo.

05. **Dicionários.** Os acréscimos aos *dicionários de sinônimos* e *analógico* pessoais.

06. **Energias.** As energias gravitantes no ambiente, paraterapêuticas. As doações vigorosas de energias para instalação do campo energético local, proporcionador de desassédios e compensações holochacrais.

07. **Heteropesquisa.** A heteropesquisa e a heteroconscienciometria possíveis a partir das perguntas e exposições realizadas. Estudo de casos (*conscins-cobaias*).

08. **Inteligência.** O aumento concreto da inteligência em geral.

09. **Intermissivo.** Rememoração de fragmentos do curso intermissivo, pelo teor das ideias debatidas.

10. **Isca.** As atuações ao modo de isca assistencial lúcida, em variados momentos.

11. **Linearidade.** Estímulo à autopensenização linear permanente.

12. **Originais.** Associações originais ou criativas de ideias, a partir da descoincidência do mentalsoma.

13. **Para-acareações.** Participação em acareações extrafísicas, abrangendo a si mesmo, consciexes ou outras conscins presentes no debate do dia.

14. **Parafenomenologia.** Ocorrência de fenômenos parapsíquicos variados.

15. **Paraplateia.** Atuação assistencial em favor da *paraplateia*, seja de consciexes intermissivistas expectadoras ou de consciexes em convalescença. As perguntas ou observações oportunas das conscins argumentadoras são valiosas para quem ainda não readquiriu *pregas vocais humanas*, mas possui *dúvidas insopitáveis* no paracérebro.

16. **Reencontros.** O estudo dos reencontros grupais *conscins-conscins*, *conscins-consciexes* e *consciexes-consciexes* aparentemente ocasionais, no entanto, guarnecidos de sólida inteligência no arranjo dos protagonistas e coadjuvantes da cena reconciliatória, envolvendo a tertúlia. Certos reencontros milenares, fenômenos e aparição de consciexes podem ocorrer *en petit comité,* por exemplo, quando há somente 7 conscins no ambiente, nos preparativos da tertúlia.

17. **Resgates.** O envolvimento em resgates conscienciais antes, durante e após a tertúlia.

18. **Reurbanizações.** Proatividade nos encaminhamentos de consciexes para ressomas mediatas, evento ocorrendo durante os debates.

19. **Sincronicidade.** Sinergia entre questões pessoais vividas ou refletidas antes da tertúlia e o surgimento inesperado do tema no debate, configurando a *sincronicidade*.

20. **Técnicas.** Estudo e aplicação de técnicas para o desenvolvimento parapsíquico, incluindo avanço na tenepes.

21. **Telepatia.** Oportunidade de assistência às *conscins* tímidas, acanhadas, doentias, através da *telepatia* e da captação dos pensenes gravitantes no ambiente. O assistente, mulher ou homem, consegue tornar-se *alto-falante* ou *porta-voz* dos colegas inibidos, veiculando questões as quais tais conscins não conseguiriam formular ou expressar por pusilanimidade, medo do ridículo ou outros travões emocionais. *Quem debate, assiste.*

**Transcendentalidade.** Tais fatos e parafatos são factíveis de ocorrer na tertúlia pela *transcendentalidade* dos temas em foco, exigindo atividade ostensiva dos mentaissomas dos pesquisadores.

**Afinidades.** As conscins presentes, em função das afinidades e das vidas humanas pregressas, contribuem para a evocação de consciexes amparadoras para o *Tertuliarium*.

**Amparadores.** Os amparadores extrafísicos têm interesse na mobilização coletiva pró-evolução. A tertúlia angaria simpatia e aglutina variados benfeitores extrafísicos, de múltiplos perfis e níveis evolutivos.

## II – Holociclo

**Holociclo.** O *Holociclo* é o megalaboratório grupal de *desassédio mentalsomático*, funcionando dentro do CEAEC, oferecido aos pesquisadores independentes, voluntários do trabalho da *Enciclopédia da Conscienciologia* e aos autores de livros.

**Artefatos.** São disponibilizados, no local, *milhares* de dicionários temáticos e recortes de jornais (*cosmograma*) classificados de acordo com os temas das matérias, coleções, enciclopédias raras, além de infraestrutura voltada ao conforto físico dos pesquisadores: mesa de trabalho, cadeiras ergonômicas, papel em branco, canetas, porta-livros, *banners* com tabelas e listagens para consulta, tomadas para *laptop,* rede de internet *wireless,* água, lanchonete, condicionamento e desumidificação do ar, armário para guardar objetos, dentre outros. (Ano-base: 2009)

**Trabalhos.** Os principais trabalhos realizados no Holociclo são:

1. **Fichamento.** De matérias, livros, dicionários.

2. **Cosmograma.** Seleção, classificação e organização em pastas ou cubas plásticas de matérias para a coleção temática de recortes, com os dados das fontes bibliográficas fichados previamente.

3. **Digitação.** De dados e textos.

4. **Revisões.** Revisões de obras escritas, em geral.

5. **Verbetes.** Pesquisa, redação, processamento, revisão e impressão de verbetes da *Enciclopédia da Conscienciologia.*

6. **Livros.** Elaboração de livros de variados temas (iniciativas pessoais).

7. **Desassédios.** Em geral.

**Vivências.** Eis, em ordem alfabética, 20 vivências parapsíquicas e mentaissomáticas facilmente obtidas pelos experimentadores predispostos, mulheres ou homens, durante atividades no Holociclo:

01. **Acoplamento.** Sentir-se ser envolvido energeticamente pelo ambiente.

02. **Amparadores.** Interação ostensiva com consciexes amparadoras.

03. **Chacras.** Hiperativação do frontochacra e coronochacra; compensação de chacras bloqueados.

04. **Consciex.** Sensação de *ser consciex.*

05. **Desbloqueios.** Desbloqueios corticais, a partir da limpeza dos *lixos mentais* e do afastamento de assediadores extrafísicos.

06. **Dessassins.** Desassimilações simpáticas eficazes, quase imediatas à chegada no local, se a conscin assim o permitir.

07. **Doação.** Doação de energias conscienciais.

08. **Encaminhamentos.** Encaminhamento de consciexes assistidas, trazidas pelos frequentadores do local a partir da iscagem.

09. **Energias.** Recepção de energias conscienciais e imanentes.

10. **Expansão.** Expansão do mentalsoma.

11. **Extrapolações.** Vivência de extrapolações evolutivas.

12. **Humor.** Melhora do humor pessoal.

13. **Ideias.** Associações originais de ideias; inspirações extrafísicas.

14. **Ortopensenes.** Ortopensenidade mais facilmente mantida.

15. **Primener.** *Euforin,* hígida quando *contida*, podendo chegar à primener e ao cipriene.

16. **Psicometria.** Psicometria das energias de conscins até mesmo *antes da chegada* das pessoas ao local.

17. **Racionalidade.** Aumento da racionalidade, minimização de processos emocionais.

18. **Serenidade.** Estado de serenidade íntima associado à expansão das parapercepções; autorreflexões profícuas.

19. **Soltura.** Soltura holochacral.

20. **Trafores.** Exaltação perceptível dos trafores pessoais.

**Parassinapses.** A conscin, frequentando o Holociclo para trabalhos intelectuais, percebe-se *mais inteligente e evoluída* dia após dia, em função do estímulo ao *para*cérebro e à recuperação de cons.

**Qualificação.** Com o tempo, a pessoa sente a qualificação de suas habilidades intelectuais, parapsíquicas e da escrita. Curiosamente, pode não saber divisar com exatidão *como* aconteceu tal evolução.

## III – Laboratórios de Autopesquisa

**Laboratórios.** Os *Laboratórios de Autopesquisa* são estruturas intrafísicas apropriadas para dar suporte às autoexperimentações das conscins em busca do desenvolvimento do autoparapsiquismo e amadurecimento pessoal. Fazem a interface da dimensão intrafísica com a extrafísica.

**Estrutura.** A maioria dos laboratórios tem apenas um cômodo, equipados com cama, travesseiros, lençóis, poltrona, mesa, cadeira, livros, relógio despertador digital, luminária, papel em branco, canetas, regulador de luminosidade, condicionador de ar (ar frio e quente) e cortinas blecaute. Laboratórios comportando especificidades temáticas podem agregar outros recursos investigativos, ao modo de CDs de áudio, aparelho de som, espelhos, *display* informativo, jornais, réguas, dentre outros (Ano-base: 2009).

**Vazio.** Mesmo com os artefatos para pesquisa citados, ainda assim há mais *espaço vazio* nos laboratórios do que objetos. Foi propositadamente feito desta maneira para proporcionar recolhimento íntimo e mudança de foco, pela conscin, da intrafisicalidade para a extrafisicalidade. *Pensamentos e energias expandem-se em espaços amplos e livres.*

**Temas.** Os laboratórios são temáticos, definindo o *megafoco* da pesquisa em cada um deles. No CEAEC, existem 17 laboratórios de autopesquisa, em ordem alfabética (Ano-base: 2009):

01. ***Acoplamentarium*** **(analisado à parte).**
02. **Auto-organização.**
03. **Cosmoética.**
04. **Cosmograma.**
05. **Despertologia.**
06. **Dupla Evolutiva.**
07. **Estado Vibracional.**
08. **Evoluciologia.**
09. **Imobilidade Física Vígil.**
10. **Mentalsomática.**
11. **Paragenética.**
12. **Pensenologia.**
13. **Proéxis.**
14. **Retrocognições.**
15. **Sinalética Energética.**
16. **Técnicas Projetivas.**
17. **Tenepes.**

**Localidades.** Outras localidades, além do CEAEC, dispõem de Laboratórios de Autopesquisa: *Campus IIPC (Instituto Internacional de Projeciologia e Conscienciologia),* Saquarema, Rio de Janeiro, RJ – Brasil; *ARACÊ (Associação Internacional para Evolução da Consciência),* Venda Nova do Imigrante, ES – Brasil; e *IAC – International Academy of Consciousness*, Evoramonte – Portugal (Ano-base: 2009).

***Serenarium.*** Destaque para o *serenarium*, intrigante laboratório no qual o pesquisador permanece imerso por 3 dias sem sair do ambiente, predispondo-se à elaboração de verdades relativas de ponta, às reciclagens intraconscienciais intensas e à percepção do holopensene dos serenões. A equipe intrafísica de suporte é essencial no auxílio ao experimento (alimentação, segurança, guarida). Atualmente, o laboratório funciona na ARACÊ (Ano-base: 2009).

**Autocomprovação.** Não há margem para sugestionabilidade nos laboratórios. A pessoa começa o experimento sem expectativa, contudo neofílica. Chega ao final do tempo estipulado com associações de ideias singulares, inspirações e vivências de fenômenos parapsíquicos autocomprobatórios. É a demonstração prática do princípio da descrença: *não acredite em nada. Experimente, tenha suas vivências pessoais.*

**Autopersuasão.** Os experimentos laboratoriais são autopersuasivos e fornecem resultados objetivos; por esta razão a autoexperimentação é tão importante para a preservação da cientificidade da Conscienciologia, livrando-a de dogmas e mistificações.

## IV – *Acoplamentarium*

***Acoplamentarium.*** O *Acoplamentarium* é o laboratório específico para as experiências grupais de desenvolvimento da clarividência, em especial. O nome é decorrente da dinâmica utilizada para estímulo da paravisão: o estabelecimento de sucessivos acoplamentos energéticos entre os epicentros conscienciais (epicons), professores, e os participantes.

**Lotação.** A lotação máxima de participantes no laboratório é de 63 pessoas, contando com os epicons e equipe de suporte técnico.

**Conformação.** O laboratório tem a forma de arena, e há visão livre, de qualquer ponto, para o centro do *Acoplamentarium*, onde ocorre o acoplamento energético *epicon-coadjutor*.

**Duração.** A duração do acoplamento energético é de 2 minutos.

**Entrevisão.** Enquanto ocorre, os demais participantes permanecem imóveis, procurando entrever a dimensão energética e a extrafísica através da observação atenta do experimento em curso.

**Ocorrências.** Eis 35 exemplos de ocorrências parafenomenológicas passíveis de serem vivenciadas no *Acoplamentarium*, sendo amiúde relatadas pelos participantes:

01. Alteração no cardiochacra.
02. Assins intensificadas.
03. Ativação de chacras.
04. Atuação energética de amparadores extrafísicos.
05. Clariaudiência de nomes ou vozes em geral.
06. Clarividências faciais diversas e viajora.
07. Desaparecimento da cabeça do acoplador (dimener, ectoplasmia).
08. Descoincidência do psicossoma.
09. Doação de energias.
10. *Doação parapsíquica.*
11. Ectoplasmia e materializações.
12. Efeito de negativo.
13. Elucidação de conexões energéticas dos acopladores.
14. Empatia.
15. Estabelecimento de linha energética entre o coadjutor e o epicon.
16. Expansão do coronochacra e do mentalsoma.
17. *Flashes* retrocognitivos.
18. Identificação de consciexes assistidas ou expectadoras dos experimentos.
19. Luminosidades.
20. Mioclonias.
21. Observação da morfologia dos chacras dos acopladores.
22. Odores extrafísicos (jasmim, floral, alfazema, ervas medicinais, entre outros).
23. Paradiagnósticos.
24. Percepção da assistência extrafísica em andamento.
25. Percepção de música.
26. Precognições.

27. Semipossessões benignas.
28. Simulcognições
29. Soltura holochacral.
30. *Superpotencialização* do parapsiquismo.
31. Taquicardia.
32. Variação de temperatura.
33. Visão da dimener (acinzentada, esbranquiçada, enfumaçada).
34. Visão de fatos ocorridos com os acopladores.
35. Visualização das auras dos participantes.

**Confrontação.** O laboratório predispõe à confrontação dos achados através da comparação com os relatos dos outros participantes. É totalmente otimizado para favorecer a autoexperimentação parapsíquica, inclusive quanto às avaliações *críticas* dos fatos e parafatos vivenciados.

**Veracidade.** Ver, através da clarividência, o considerado *inconsistente* e constatar *a posteriori* a veracidade da informação a partir de dados fornecidos, deixa a conscin experimentadora no mínimo *com a pulga atrás da orelha.*

**Paradiagnósticos.** Por exemplo, certos diagnósticos clínicos *precisos* realizados, quando não se conhecia nada sobre a conscin acopladora em questão, são estarrecedores. Muitas vezes o sensitivo diagnosticador não é médico, nem profissional da área da saúde. São os *paradiagnósticos* derivados exclusivamente do autoparapsiquismo.

**Utilidade.** Aos pesquisadores organizados e observadores, mulheres e homens, o *Acoplamentarium* pode ser útil na investigação de fenômenos parapercepciológicos até então não vivenciados ou *valorizados.*

***A AUTOEXPERIMENTAÇÃO É FUNDAMENTAL PARA O AVANÇO DA CONSCIENCIOLOGIA, MINIMIZANDO AS*** *INTERPRETAÇÕES FANTASIOSAS* ***A PARTIR DA*** *OBJETIVAÇÃO DA SUBJETIVIDADE.*

# 14. Tenepes e Antecipações Evolutivas

**Definição.** "*Tenepes* (Tarefa Energética Pessoal) é a transmissão de energia consciencial (EC), assistencial, individual; programada com horário diário, da consciência humana, auxiliada por amparador ou amparadores; no estado da vigília física ordinária; diretamente para consciexes carentes ou enfermas, intangíveis e invisíveis à visão humana comum; ou conscins projetadas, ou não, próximas ou à distância, também carentes ou enfermas." (**Vieira**, W.; ***Manual da Tenepes;*** IIP; Rio de Janeiro, RJ; 1995; página 11. *Grifo nosso*).

**Sinonímia:** 1. Megadesafio para o Ser Humano. 2. Passe energético no paciente desconhecido. 3. Passes para o escuro. 4. Semipossessão benigna assistencial. 5. Sessão parapsíquica ou mediúnica do eu sozinho. (**Vieira**, W.; ***Manual da Tenepes;*** IIP; Rio de Janeiro, RJ; 1995; página 11).

**Antonímia:** 1. Passes energéticos em presença de conscins não-projetadas. 2. Sessão parapsíquica ritualística ou mística. 3. Semipossessão maligna. 4. Oração. 5. Novena.

**Definição.** *Antecipações evolutivas* são conquistas intraconscienciais hígidas, cosmoéticas, desejáveis quanto à evolução, adquiridas, mediante esforço pessoal, anteriormente ao momento previsto para ocorrer.

**Sinonímia:** 1. Precocidade evolutiva. 2. Antecipação da fase executiva da proéxis.

**Antonímia:** 1. Atraso evolutivo. 2. Desvio de proéxis. 3. Estagnação consciencial. 4. Recalcitrância dos trafares.

**Mudanças.** A tenepes permite antecipações evolutivas por gerar mudanças globais: no tenepessista, mulher ou homem; nos ambientes intrafísico e extrafísico; e nos componentes do grupocarma, sejam conscins ou consciexes. Criam-se condições favoráveis às mudanças íntimas cirúrgicas e às superações das interprisões grupocármicas, possibilitando inclusive o trabalho policármico.

**Recin.** Sendo de tamanha magnitude assistencial, tal tarefa jamais deixa incólume o tenepessista ou a tenepessista. A tenepes deixa *desconfortável* o assistente acomodado na condição antirrecin, mantendo autocorrupções e subutilizando trafores úteis à produção de gescons (omissões deficitárias).

**Amparadores.** Os amparadores são agentes importantes para a mudança de nível evolutivo do tenepessista, pois oferecem incentivos pontuais valiosíssimos. A *inspiração* proveniente do amparador, seja ideia, lembrança, imagem ou sentimento, aumenta o índice de acertos pessoais.

**Retrocognições.** O acesso facilitado à holomemória permite antecipações evolutivas ao proporcionar rememoração de vivências úteis e a conscientização quanto aos erros miméticos.

**Precoce.** Determinada conquista evolutiva que levaria décadas (ou vidas) para ser alcançada, pode ser obtida em poucos anos com a tenepes, pela natureza do trabalho. Portanto, não se trata somente de aquisições e sim de *aquisições evolutivas precoces.*

**Antecipações.** Eis, em ordem alfabética, 15 exemplos de antecipações evolutivas proporcionadas pela prática diária da tenepes:

01. **Anticonflitividade.** Anticonflitividade íntima pela centragem da consciência e pelo entendimento das leis da evolução. Quem vive de fato a multidimensionalidade redimensiona valores pessoais.

02. **Antiegoísmo.** Superação paulatina, porém consistente, das *chagas* da Humanidade identificadas em si próprio: *egoísmo, orgulho e vaidade.* O egoísmo é desmascarado na tenepes.

03. **Anti-ilusão.** Identificação e descarte do *maya* e das ilusões perpetradas por assediadores extrafísicos.

04. **Autodiscernimento.** O cotidiano assistencial e o convívio com o amparador levam o tenepessista à reflexão permanente. Tem-se, então, a base para o avanço do autodiscernimento, rápido e eficaz.

05. **Centrais.** Contato com as Centrais Extrafísicas de Energia, da Fraternidade e da Verdade.

06. **Cipriene.** Instalação de cipriene.

07. **Cosmoconsciência.** Antecipação possível do megafenômeno.

08. **Cosmoética.** A Cosmoética passa a ser algo palpável, existente, *inventariável,* e não teoria distante, falaciosa ou *utópica* na vida do tenepessista, mulher ou homem. Torna-se possível, inclusive, quantificar a progressão da cosmoética pessoal ao longo do tempo, com o uso do conscienciograma.

09. **Eutimia.** Sensação duradoura de autoconforto e júbilo; a instauração da eutimia.

10. **Extrapolações.** A antecipação temporária da desperticidade ou mesmo do teleguiamento autocrítico.

11. **Fenomenologia.** Experimentação de fenômenos parapsíquicos não vivenciados ainda.

12. **Fluxo.** Conexão ao *fluxo do Cosmos*, aprendendo aos poucos a decodificação dos sinais do Universo, indicadores do melhor destino a seguir (*sincronicidades*).

13. **Impactoterapia.** Impactoterapia (tares) com menor margem de erro, ocorrendo na *medida certa*, fruto da interação adequada do tenepessista, mulher e homem, com os amparadores de função.

14. **Iscagem.** Pleno domínio da iscagem assistencial lúcida, extinguindo as *surpresas negativas* derivadas de miniassédios inconscientes.

15. **Ofiex.** Viabilização da ofiex.

**Autoimperdoador.** Mais inteligente é a conscin que aproveita a tenepes para fixar a condição de *autoimperdoador*, aparando as arestas com autocrítica e não se permitindo mais erros repetitivos.

***Não exceder em 3% quanto aos erros pessoais e manter-se nos 97%*** *mínimos* ***de acertos é conquista evolutiva*** *hard*, ***contudo valiosa.***

# 15. Agentes Otimizadores da Sinergia *Invéxis-Tenepes*

**Definição.** "*Invéxis* [inversão existencial] é o planejamento técnico, máximo para a vida intrafísica a que a conscin pode se propor, fundamentada na Conscienciologia e Projeciologia, sem influências doutrinárias, sectárias, inculcadoras, místicas, ou mesmo das ciências acadêmicas, convencionais e mecanicistas." (**Vieira**, W.; ***700 Experimentos da Conscienciologia;*** IIP; Rio de janeiro, RJ; 1994; página 690. *Grifo e trecho entre colchetes são acréscimos nossos*).

**Sinonímia:** 1. Inversão da Cosmoética. 2. Antecipação da fase executiva da proéxis. 3. Inversão da Interassistencialidade.

**Antonímia:** 1. Recéxis. 2. Juventude drogadita. 3. República de estudantes. 4. Grêmio estudantil. 5. Liga acadêmica. 6. Catecismo. 7. Grupo místico de jovens. 8. Seita esotérica de iniciados. 9. Noviciado. 10. Promiscuidade grupal. 11. Comunidade vegetariana alternativa. 12. *Riponguice* moderna. 13. Associação de pregadores da moral e bons costumes. 14. Dilação da fase preparatória da proéxis.

**Definição.** *Agentes otimizadores* são fatores impulsionadores das ações pessoais visando alcançar com rapidez e eficácia os objetivos colimados, sejam estes neutros, patológicos ou homeostáticos.

**Sinonímia:** 1. Fatores coadjutores. 2. Catalisadores de resultados. 3. *Gasolina azul.*

**Antonímia:** 1. Agentes impeditivos. 2. Fatores retardadores. 3. Inibidores de ações.

**Invéxis.** A invéxis é recurso prático para a antecipação da tenepes pela conscin jovem. Quando bem sucedida, a associação é prolífica e vale a pena ser pesquisada.

**Recursos.** Segundo Vieira, a itinerância docente e a recéxis também são recursos para o adiantamento da execução da tenepes. (v. **Vieira**, W.; ***Manual da Tenepes;*** IIP; Rio de Janeiro, RJ; 1995; página 26). No entanto, em relação à recéxis, a técnica da invéxis é mais avançada e superior quanto às possibilidades de resultados, em especial para o jovem, moça ou rapaz.

**Desafio.** A situação melhor ou ideal para a antecipação da tenepes pela invéxis é aquela na qual a tarefa energética pessoal não é o *primeiro* desafio assistencial da vida da pessoa.

**Tempo.** Com o passar do tempo, produzindo outras gestações conscienciais e desenvolvendo o parapsiquismo em nível funcional, o inversor terá condições de pensar em tenepes com maior autodiscernimento e pragmatismo, sem os arroubos naturais da mocidade.

**Aptidão.** Com o avançar dos cursos intermissivos e a ressoma de consciências predispostas, pela paragenética, aos serviços parapsíquicos *de missão,* surgirá, em futuro próximo, maior número de jovens inversores aptos a praticarem a tenepes precocemente, com desenvoltura.

**Abertismo.** Faz-se necessário o abertismo consciencial para compreender a invulgaridade de determinadas consciências, voltadas às tarefas assistenciais parapsíquicas desde cedo, não raro sendo seu primeiro interesse prioritário na vida humana.

**Impoluta.** Importa a genialidade parapsíquica, no caso, manter-se *impoluta,* sem as interferências doentias dos megassediadores extrafísicos e satélites.

**Características.** Eis, em ordem alfabética, 26 características intraconscienciais vinculadas ao inversor existencial tenepessista bem sucedido, moça ou rapaz:

01. **Afetividade.** Afetividade desreprimida, doadora, inclusive já tendo parceiro de *dupla evolutiva.*

02. **Amparadores.** Naturalidade e funcionalidade na relação com os amparadores extrafísicos.

03. **Assistencialidade.** Senso altruístico enraizado.

04. **Autenticidade.** Personalidade autêntica, despojada, sem recalques, com *expressão do melhor* nas manifestações pessoais espontâneas.

05. **Autodeterminação.** Autodeterminação e autoconfiança *sem intransigência.*

06. **Autodiscernimento.** Prudência imberbe ou autodiscernimento inato.

07. **Autodisciplina.** Auto-organização e autodisciplina na rotina diuturna.

08. **Comunicabilidade.** Comunicação interconsciencial adaptável.

09. **Cons.** Recuperação de cons adiantada.

10. **Disponibilidade.** Liberdade e disponibilidade para atuar.

11. **Energossomática.** Energias em quantidade e qualidade, disponíveis para doação.

12. **Gênero.** Adequação ao gênero somático, com o cultivo da virilidade ou da feminilidade, porém manifestando características *yin* ou *yang* de acordo com a necessidade do momento.

13. **Grupalidade.** Temperamento democrático, voltado para o trabalho em equipe.

14. **Hábitos.** Manutenção de hábitos úteis.

15. **Intelectualidade.** Bibliofilia útil e *aplicada.*

16. **Intermissivo.** Participação em curso intermissivo recente.

17. **Intrepidez.** Coragem consciencial.

18. **Megatrafor.** *Parapsiquismo lúcido.*

19. **Neofilia.** Capacidade de adaptação a pessoas, locais e situações.

20. **Otimismo.** Autopensenidade otimista realista.

21. **Paragenética.** Acúmulo de experiências parapercepciológicas em vidas pregressas.

22. **Porão.** Porão consciencial minimizado.

23. **Racionalidade.** Temperamento apoiado na racionalidade.

24. **Sexo.** Vida sexual ativa e estabilizada.

25. **Soma.** Soma ou *macrossoma* resistente, vitalizado, não-sedentário.

26. **Tranquilidade.** Equilíbrio emocional razoável.

**Desafio.** A sinergia invéxis e tenepes não é fácil, em função das duas técnicas isoladamente já serem desafiadoras e de execução complexa.

**Assistencialidade.** No entanto, quando conjugadas, permitem à conscin rendimento assistencial superotimizado e convivência estreita com amparadores extrafísicos durante largo período de vida intrafísica.

**Desperticidade.** É atalho para o adiantamento do epicentrismo consciencial e da desperticidade, sem *forçações de barra.*

**Pesquisa.** Eis 15 questões abertas relacionadas à interação sinérgica *invéxis-tenepes* positiva, a serem investigadas:

01. Que tipo de assistência específica pode ocorrer a partir das energias do *soma jovem?*

02. Há maior *flexibilidade* nos trabalhos quando se trata de inversor muito jovem iniciando as práticas da tenepes?

03. Qual a interferência das emissões energéticas diárias no *desenvolvimento do soma,* ainda biologicamente imaturo? Afeta quais estruturas e como?

04. Qual a repercussão do *exemplo* do tenepessista-inversor, mulher e homem, em consciências extrafísicas *pré-ressomantes,* expectadoras?

05. A glândula pineal seria estimulada além do convencional?

06. Aumenta-se a *predisposição somática* à vivência do parapsiquismo?

07. Há alteração na calcificação das epífises ósseas?

08. Haveria interferência na maturação do Sistema Nervoso Central? Qual?

09. As sinapses, ainda em formação, sofreriam mais influência das parassinapses, oriundas da paragenética, do que da mesologia?

10. As semipossessões benignas com os amparadores poderiam interferir, através da interação do paracérebro da consciex com o cérebro físico, na formação de *neossinapses* no tenepessista jovem? Poderia haver a interferência na *forma de pensar* do praticante?

11. Ocorrem alterações endócrinas, interferindo em vias metabólicas?

12. O sistema reprodutor é modificado?

13. A depuração de substâncias do organismo pelo fígado, rins e *glândulas sudoríparas* seriam mais eficazes (desassins)?

14. Tornar-se-ia o soma mais resistente a doenças em geral, inclusive na terceira e quarta idades?

15. Haveria maior propensão à longevidade?

**Paradoxo.** Configura-se a situação paradoxal da tenepes, contudo realista: quanto maior a eliminação do egoísmo nas atuações e solicitações, maior assistência e investimento é oferecida ao tenepessista.

**Constrangimento.** Os benefícios, por vezes, chegam a ser *constrangedores*, gerando a sensação de que você está recebendo *mais do que merece*.

**Evolução.** A tenepes leva o praticante à evolução consciencial. Esta tenepessista pode *afirmar, corroborar* e *ratificar* tal premissa diante da *aceleração do autodesassédio* obtida a partir das práticas da tenepes, conforme o leitor pode comprovar através da leitura das linhas e *entrelinhas* da presente obra.

***As conscins-exceção** sadias **divulgam atualizações científicas provenientes dos cursos intermissivos recentes através de** atos cosmoéticos inusitados.*

# 16. Agentes Impeditivos da Sinergia *Invéxis-Tenepes*

**Definição.** *Agentes Impeditivos* são fatores restringidores das ações pessoais, gerando obstáculos ao êxito na conquista de objetivos ensejados, sejam estes neutros, patológicos ou homeostáticos.

**Sinoníma:** 1. Agentes dificultadores. 2. Fatores atravancadores. 3. Obstáculos à ação. 4. Travões.

**Antonímia:** 1. Agentes otimizadores. 2. Fatores facilitadores.

**Etapas.** Na proéxis, há etapas a serem concluídas no fluxo das tarefas. Antecipar inadvertidamente a mais complexa para o início da vida, quando outras prioridades não foram atendidas ainda, pode ser atitude *imprudente.*

**Profilaxia.** É útil o estudo apurado dos agentes impeditivos à tenepes, especificamente no caso da invéxis, para fazer a profilaxia de decisões inadequadas que geram efeitos tumultuadores.

**Discernimento.** Nem sempre é fácil a decisão quanto ao início das práticas da tenepes, em especial para o jovem, moça ou rapaz.

**Dúvida.** É comum a dúvida: estou sendo precipitado (ou precipitada) ou é esse mesmo o passo a dar? A intenção é positiva e há vontade de acertar, porém falta visão de conjunto. É sábio o princípio: *na dúvida, abstenha-se.* Se ainda há questionamento, não é o momento aprazado.

**Veio.** Aos inversores ou inversoras, além da ponderação, é relevante a identificação do *veio assistencial* ligado ao materpensene pessoal.

**Megatrafor.** Se a pessoa tem o parapsiquismo ainda incipiente, por exemplo, é apropriado *antes* o investimento assistencial em áreas de atuação afeitas ao seu megatrafor antes de iniciar a tenepes, ao modo da itinerância docente (Comunicologia), o voluntariado administrativo diligente (Conscienciocentrologia) ou a escrita erudita assistencial (Intelectualidade). Tal atitude conferirá autoconfiança e segurança para o enfrentamento de desafios vindouros.

**Comprometimento.** Ao queimar etapas de modo precipitado, antecipando a tenepes sem condições intraconscienciais mínimas para sustentar as práticas, pode haver comprometimento não somente da tenepes, como também da homeostase consciencial e de outros investimentos assistenciais que poderiam ser edificados a contento, pouco a pouco, ao longo dos anos.

**Características.** Eis, em ordem alfabética, 30 agentes impeditivos ou dificultadores às práticas da tenepes pelo inversor ou inversora existencial:

01. **Alienação.** Alienação da vida intrafísica, por exemplo, quanto ao investimento na carreira profissional.

02. **Antifraternidade.** Falta de afetividade, empatia ou acolhimento fraterno com os outros; clima interconsciencial *gélido;* autismo; indiferença; negligência no trato social.

03. **Assediadores.** Acumpliciamentos, conscientes ou não, com assediadores, intrafísicos e extrafísicos, e guias cegos.

04. **Autocorrupções.** Manutenção de autocorrupções explícitas, grosseiras. Exemplos: tabagismo; alcoolismo; drogadição em geral; autoestigmatizações; adesão a esportes radicais (riscomania); prática de artes marciais (belicismo); dentre outros.

05. **Autocrítica.** Autocrítica débil, com distorções primárias do autoconceito.

06. **Autoencapsulamento.** Autoencapsulamento restritivo prejudicando o acesso dos amparadores extrafísicos; temperamento autocrático, inflexível, intolerante ou neofóbico.

07. **Autoindisciplina.** Autoindisciplina pessoal permeando os atos.

08. **Autopensenização.** Autopensenização desorganizada; indisciplina mental; patopensenes habituais; fantasias sexuais irreprimíveis.

09. **Avidez.** Temperamento ávido pelo acúmulo de atividades (megalomania).

10. **Competitividade.** Inveja; atitude conspiradora, *puxadora de tapete;* coleção de falhas alheias compiladas em *dossiês anticosmoéticos.*

11. **Dependência.** Dependência familiar castradora do livre-arbítrio.

12. **Emocionalismo.** Excessos emocionais; irreflexão; baixa autoestima; superficialidade; veleidade; frivolidade.

13. **Empolgação.** Empolgação juvenil, *oba-oba;* ansiedade; euforia; precipitação.

14. **Fuga.** Tendência para adoção de fugas em substituição ao autoenfrentamento. Neste caso, há grande chance da tenepes vir a ser *opção-fuga,* alternativa *ilógica* para alívio de remorsos consequentes de autocorrupções ativas.

15. **Impaciência.** Comportamento pueril de querer *tudo para ontem*; impaciência.

16. **Inconsciente.** Atuações majoritárias enquanto isca *in*consciente, apresentando potencial para vivência de miniassédios temporários frequentes.

17. **Inconstância.** A inconstância ou estado irrequieto juvenil.

18. **Inquisição.** Atitude inquisitorial com outras consciências; intolerância na convivialidade; heterojulgamentos duros e *pesados*; condenações.

19. **Intencionalidade.** Má intenção explícita ou pior, dissimulada.

20. **Interprisão.** Situação de interprisão grupocármica ainda muito restritiva (*fase da vitimização*).

21. ***Naïf.*** Comportamento *naïf:* ingênuo, *bobinho,* crédulo, manipulável e iludível.

22. **Parapsiquismo.** Vivências parapsíquicas escassas (*casca-grossa*).

23. **Porão.** Porão consciencial *efervescente,* selvagem e indomado.

24. **Pusilanimidade.** Covardia; decidofobia.

25. **Recursos.** Deficiência de recursos razoáveis (financeiros, por exemplo) para a autossustentação.

26. **Sexo.** Carência afetivo-sexual não remediada; promiscuidade sexual; ficações sem compromisso.

27. **Soma.** Hiperatividade somática; dificuldade para manter-se parado.

28. **Tacon.** Comportamento avesso às heterocríticas, *pseudoingênuo,* ligado à tacon e à defesa da autoimagem (*eu não o critico, você não me critica*).

29. **Teimosia.** O mau hábito de ser *cabeça-dura,* turrão.

30. **Vaidade.** Necessidade de aparecer para os outros, com a defesa da autobiografia (egocentrismo).

**Exigências.** Pela listagem exemplificada, afere-se o nível de *exigência* necessária ao tenepessismo na juventude. Nada mais óbvio, sabendo-se tratar de período de transição, conturbado, da vida humana.

**Juventude.** A juventude é o período próprio para o aprendizado, sendo, portanto, a fase da inexperiência intrafísica, de adaptação ao novo soma, de redescobertas e reencontros conscienciais críticos.

**Fisiologia.** Há aspectos impeditivos da tenepes fisiológicos, neutros, adstritos tão somente à *faixa etária,* superados com o tempo.

**Prudência.** A *prudência imberbe* permite à conscin jovem superar os entraves naturais relativos ao soma jovem.

**Protótipo.** A juventude média atual, no fluxo da *boiada* humana acéfala, fartamente manipulada pelo *marketing* e modismos plantados, representa o protótipo da condição antitenepes. Infelizmente. Mas a invéxis ajuda a superar os travões mesológicos.

**Invulgaridade.** O jovem de destaque da Socin, cientista brilhante, aluno exemplar, artista ou atleta colossal, não raro pode ser medíocre quanto à inteligência evolutiva. O inversor, mulher ou homem, necessita imbuir-se de *invulgaridade evolutiva* mínima indispensável ao início e manutenção da tenepes.

**Porão.** O pior na mocidade, em geral, é a manifestação do porão consciencial, variável interveniente impossível de ser desconsiderada.

**Dificuldade-mor.** O porão consciencial tolda as manifestações traforistas da conscin, inclusive o raciocínio lógico e o autodiscernimento. Trata-se da *dificuldade-mor* do inversor ou inversora quanto à opção pela tenepes ainda jovem.

**Parapsiquismo.** O parapsiquismo pode ser elemento-chave na aquisição de autoconfiança quanto ao início das práticas, pois permite a interlocução direta com os amparadores extrafísicos, futuros superintendentes dos trabalhos assistenciais da tenepes.

**Consequências.** O inversor ou inversora deve considerar seriamente as consequências e impacto da tenepes em sua vida, observando:

1. **Abnegação.** A abnegação exigida do tenepessista.

2. **Compromisso.** A manutenção do compromisso das práticas até a dessoma.

3. **Exposição.** A autoexposição *extrafísica* inevitável.

4. **Hábitos.** A necessidade de abrir mão de maus hábitos, às vezes prazerosos, porém intoxicantes, modificando profundamente o estilo de vida.

5. **Pensenes.** A impossibilidade de manter patopensenes, comprometedores da iscagem assistencial lúcida, poluidores das emissões energéticas diárias e geradores de *interassedialidade*.

6. **Recin.** A necessidade premente e constante de recins.

7. **Rotina.** A viabilidade da tenepes frente à rotina pessoal, naquele momento evolutivo.

**Variáveis.** O curso intermissivo, o histórico das vidas pregressas, a paragenética, o grau de interprisões grupocármicas, os méritos assistenciais e a *ficha evolutiva pessoal* (FEP) são fatores importantes a serem considerados para o tenepessismo. Na vivência da autora-cobaia, tais variáveis foram relevantes para a decisão pelo início da tenepes aos 19 anos.

**Megatrafor.** Intuitivamente, havia a percepção íntima da tenepes ser subsídio para o processo de autocura, *no caso específico desta autora.* Vale lembrar: tenepes não é panaceia.

***Tenepes não é** rota de fuga* ***para as autocorrupções e ansiedades incontidas de jovens impulsivos e indisciplinados.***

## 17. Parapsiquismo Extrafísico da Conscin

**Definição.** *Parapsiquismo Extrafísico da Conscin* é o emprego das faculdades paraperceptivas do ser humano, homem ou mulher, na dimensão extrafísica, ocorrendo, em geral, durante o estado projetado.

**Sinonímia:** 1. Mediunidade extrafísica. 2. Sensitividade fora do corpo humano. 3. Semipossessão do psicossoma.

**Antonímia:** 1. Existência trancada. 2. Antiparapsiquismo. 3. Materialismo.

**Parapsicose.** Os amparadores extrafísicos almejam assistir o quanto possível as consciexes parapsicóticas auto-obcecadas com monoideísmos, sitiadas pelos morfopensenes autofabricados e incapazes de fugir aos próprios cerceamentos mentais.

**Vinculação.** Tais consciexes doentes e confusas sofrem por estarem vinculadas à última vida humana, em particular, pensando quais conscins, porém sem portarem mais o corpo físico e, portanto, apartada da antiga rotina de afazeres, contatos e ambientes.

**Choque.** Para serem despertadas, as consciexes parapsicóticas carecem de choque de realidade capaz de conduzi-las à segunda dessoma, ou ao descarte do energossoma.

**Amparadores.** A diferença vibratória do padrão das energias não permite a aproximação adequada dos amparadores extrafísicos às consciexes obnubiladas, alvos de assistência. As consciexes densificadas não conseguem ver, ouvir, telepatizar ou perceber a presença dos amparadores extrafísicos, de padrão energético sutilizado.

**Energias.** O projetor ou a projetora consciente, conscin atuando enquanto *consciex* temporariamente, é valioso instrumento no auxílio ao resgate de parapsicóticos *post-mortem,* em decorrência das energias materializadas do energossoma enriquecidas de insumos somáticos.

**Tangibilização.** As energias de características materiais do sensitivo ou sensitiva projetada sensibilizam a consciex delirante, tornando possível a tangibilização dos amparadores.

**Interface.** A conscin sensitiva projetada atua, no contexto, ao modo de interface dos amparadores ante assistidos extrafísicos.

**Desenvoltura.** Quanto maior a desenvoltura e experiência da conscin com o parapsiquismo em geral, maior a utilização, com eficácia, das parapercepções na dimensão extrafísica.

**Parafenomenologia.** Eis, em ordem alfabética, 13 exemplos de parafenômenos nos quais há emprego evidente do parapsiquismo extrafísico da conscin sensitiva:

01. **Clarividência.** A entrevisão de dimensões, consciências ou parafatos através de clarividência extrafísica, muito mais sofisticada do que a clarividência habitual, da vigília física.

02. **Consciencicês.** Vivências com o consciencicês.

03. **Dimensão.** Captação de ideias provenientes de dimensão mais evoluída, ao modo da dimensão mentalsomática, estando no extrafísico.

04. **Ectoplasmia.** Doação de ectoplasma para promover consolidações de morfopensenes paraterapêuticos ou intervenções curativas.

05. **Imagem.** Explicitação da imagem dos amparadores aos assistidos extrafísicos pela doação do ectoplasma da conscin projetada, através da formação de verdadeira "placa" energética densificada na qual modelam-se formas.

06. **Mentalsoma.** Espécie de interfusão complexa do mentalsoma da conscin projetada ao mentalsoma de consciex evoluída.

07. **Parapsicofonia.** *Parapsicofonia,* ou emissão verbal da mensagem do amparador através da conscin projetada, pelo processo de semipossessão benigna conectando o paracérebro sutil (amparador) ao paracérebro denso (conscin sensitiva).

08. **Passado.** Autotransfiguração para a aparência e vestuário pessoal utilizado em determinada vida passada, assim como adoção de maneirismos, linguajar e idioma adequados para abordar consciexes afins conhecidas da época, presas aos enroscos da existência pretérita.

09. **Resgates.** Camuflagem extrafísica (disfarce) e autoapagamento das energias para possibilitar a insinuação da conscin projetada na baratrosfera, objetivando resgastes extrafísicos de consciexes cativas do *infernão.*

10. **Semipossessão.** Semipossessão benigna psicossoma a psicossoma, seja com os amparadores, para aparições ou verbalização de mensagens, seja com consciexes assistidas, para promoção de choques energéticos.

11. **Telepatia.** Anuência às orientações e inspirações dos amparadores, intangíveis, através de telepatia (*ponto extrafísico*). Por exemplo: "use tal expressão"; "mencione o nome de fulano"; "explicite melhor este conteúdo específico".

12. **Transfigurações de amparadores.** Doação de energias com o intuito de proporcionar e auxiliar na manutenção de transfigurações psicossomáticas de *amparadores*, úteis ao processo de assistência instaurado. Por exemplo, há casos nos quais especificamente o amparador, e não a conscin, precisa tangibilizar-se transfigurado na personalidade importante da vida do assistido extrafísico, para gerar impacto crítico na transmissão da mensagem.

13. **Volitações.** Promoção de volitação extrafísica à consciex assistida. O voo extrafísico é poderosa ferramenta de despertamento para o parapsicótico pós-dessomático.

***O PARAPSIQUISMO EXTRAFÍSICO DESENVOLVE-SE QUANDO HÁ*** *PROFICIÊNCIA NA ASSISTENCIALIDADE* ***EXERCIDA PELA CONSCIN.***

# 18. Teática da Conscin *Autoimperdoadora-Heteroperdoadora*

**Definição.** "*Teática* (te + ática) é a vivência conjunta da teoria e da prática por parte da consciência humana (conscin) ou da consciência extrafísica (consciex)." (**Vieira,** W.; ***200 Teáticas da Conscienciologia;*** IIPC; Rio de Janeiro, RJ; 1997; página 210).

**Sinonímia:** 1. Exemplarismo. 2. Binômio *intectualidade-operariado.*

**Antonímia:** 1. Elucubração inútil. 2. Empirismo do apedeuta. 3. Teoria isolada. 4. Prática isolada.

**Definição.** A *Conscin Autoimperdoadora-Heteroperdoadora* é aquela que sabendo harmonizar a autocrítica *implacável* e autocorreção exigente dos trafares pessoais com a compreensão, relevalidade e o *perdão* sincero às faltas alheias, sem desvirtuamento da heteroconscienciometria e das heterocríticas procedentes.

**Sinonímia:** 1. Conscin incorruptível-megafraterna. 2. Conscin assistencial exemplar.

**Antonímia:** 1. Conscin autoperdoadora-heteroperdoadora. 2. Conscin autoimperdoadora-heteroimperdoadora. 3. Conscin autoperdoadora-heteroimperdoadora. 4. Indivíduo inquisidor. 5. Consciência autocomplacente. 6. Cúmplice anticosmoético acrítico. 7. Pessoa melindrosa.

**Teática.** A autoimperdoabilidade aliada à heteroperdoabilidade, teática ideal do emprego do perdão, é associação crucial para a dissolução das interprisões grupocármicas e para a aceleração das recins pessoais, configurando-se enquanto recurso altamente eficaz para a ascensão evolutiva.

**Distorções.** No entanto, devido a traumas emocionais não superados, má intencionalidade, falta de autodiscernimento, autocorrupções, comodismo e *demagogices,* podem existir sérias distorções quanto à aplicação do perdão pelas consciências, conduzindo ao aprofundamento de comprometimentos negativos interconscienciais e à estagnação evolutiva pessoal ou mesmo *grupal.*

**Tipos.** Eis 3 tipos maiores de distorções quanto às vivências do perdão interconsciencial:

A. **Conscin** ***autoperdoadora-heteroperdoadora***

**Caracterologia.** Personalidade autocomplacente e autocorrupta, colocando *panos quentes* para justificar os atos pessoais e dos outros; heteroperdão contaminado e confundido com *conivência anticosmoética;* a autocrítica e a heterocrítica estão toldadas pela falta de autenticidade e pela hipocrisia habituais; expressa-se com fala açucarada e discute somente temas agradáveis, considerados positivos; evita quaisquer críticas, ensejando portar a auréola de *santo.*

**Manifestação assistencial.** Tacon.

**Efeitos gerais.** Recalcitrância em *fazer média;* sociosidade; puerilidade; enissofobia; submissão e manipulação interconscienciais; valorização da opinião de terceiros; anseio pela *santificação;* proselitismo melífluo; acobertamentos anticosmoéticos; omissões deficitárias; acriticidade; repúdio ao estudo de temas considerados *assediados,* polêmicos e críticos; fantasias infantiloides e *mundo cor-de-rosa* prevalecendo ante o realismo; antitransparência crassa; autocorrupção contínua; estagnação evolutiva; interprisão grupocármica.

**Questões.** O heteroperdão aqui poderia ser considerado mera *fajutagem,* na essência? Qual o percentual real das *raivinhas* e *rancores* reprimidos?

B. **Conscin** ***autoperdoadora-heteroimperdoadora***

**Caracterologia.** Personalidade inquisidora, *metralhadora giratória,* sem autocrítica, arrogante, cabotina e orgulhosa, julgando-se superior aos outros; anseia poder, prestígio e posição; desconta erros e problemas pessoais nas consciências e não releva nem pequenas faltas alheias; indivíduo, mulher ou homem, hábil nas autodefesas escorregadias, *cara de pau,* cínico, manipulador, defensor da autobiografia a partir do rebaixamento dos colegas de evolução; acobertador dos próprios trafares e atitudes anticosmoéticas, responsabilizando terceiros pelos insucessos; é conscin profundamente amaurótica quanto à conscienciometria, à Cosmoética e à interassistencialidade.

**Manifestação** ***anti-assistencial.*** Representa, na realidade, espectro de assédio interconsciencial.

**Efeitos gerais.** Ato de *descer o tacape da verdade;* heteroanálises viciadas, tortas, assediadas e destrutivas; equívocos de abordagem e julgamento; mal-entendidos; humilhações; manipulação da turba; fanatismo religioso; politicagens; corrupções ativas; máfias; bandalhas; apriorismose; repressões; perversidades; sarcasmos; vendetas; ódio; crimes; psicopatia; misantropia; genocídios.

**Questão.** A falta crônica de heteroperdão pode sinalizar fuga da conscin, *autoculpada e não perdoada,* do *inferno íntimo* pessoal? Certas consciências podem viver afogadas em *embaraçadas* e *embaraçosas* contradições.

## C. Conscin *Autoimperdoadora-Heteroimperdoadora*

**Caracterologia.** Conscin perfeccionista, emaranhada em autoavaliações duras em excesso, *carregadas nas tintas,* inviabilizando a tomada de decisões e o desenvolvimento dos megatrafores; pessoa com certo grau de amargura, rígida, inflexível e intolerante com os erros dos outros, espelhando as atitudes tomadas consigo mesma; pode ter sido vitimizada por assédios extrafísicos crônicos prolongados; tem baixa autoestima e pouca desenvoltura social (antipatia); é a pessoa *nuvem-negra,* penumbrenta; pela Parapatologia, pode ser portador de depressão, *minor* ou *major,* ou de distimia.

**Manifestação assistencial.** Limítrofe entre a tares incipiente, o estupro evolutivo e o assédio moral.

**Efeitos gerais.** Autovitimizações; tendência a tomar decisões intempestivas; amargura; pessimismo; heterojulgamentos *duríssimos* e punitivos; raiva de si mesma e do mundo; falta de diplomacia; alijamento das amizades; trato social frágil; conclusões negativas precipitadas; medo de errar; adoção do princípio doentio: *evoluir é sofrer;* deslizes na megafraternidade; conscienciometria desequilibrada e incorreta, *plúmbea;* previsões sombrias e deturpadas do futuro; conflitos interconscienciais pontuados por brigas, divórcio, afastamentos e desafeições; *palavras-arma* amiúde empregadas; rudezas e grosserias; falta de cortesia; carência de *candura e intercompreensão;* acidentes de percurso; *pé-frio; maré de azar*, fase da vitimização.

**Questão.** A conscin que se pune e flagela os outros é afeita ao *sadomasoquismo*?

**Primeiro.** O primeiro movimento teático para a conscin tornar-se autoimperdoadora e heteroperdoadora é autoconscienciometria *crua.*

**Autoconhecimento.** A heterocompreensão e empatia são edificadas em função do autoconhecimento (v. Cap. 9).

**Ponderação.** A correta aferição do microuniverso pessoal conduz à ponderação dos atenuantes e agravantes no contexto das autovivências.

**Mescla.** No início, o desenovelamento realista das relações de causa e efeito das ações provoca mescla de *compaixão* pelas próprias mazelas e *pejo* pelas imaturidades pessoais.

**Definição.** Com o tempo, a consciência amadurecida e traquejada tende a balança para a *autovexação lúcida* ante as falhas e elimina progressivamente a autocomiseração e a autovitimização.

**Paradoxo.** Aos poucos, de modo paradoxal, a conscin sente florescer e sedimentar em si portentosas generosidade e megafraternidade nas heteroavaliações e na apreciação do móbil de ação das consciências, no entanto, aguçando e aprofundando a heteroconscienciometria e as heterocríticas.

**Conlusão.** Fixa-se, portanto, a condição de conscin autoimperdoadora-heteroperdoadora.

**Atitudes.** Pela Holomaturologia, eis, em ordem alfabética, 14 atitudes homeostáticas, próprias da conscin *autoimperdoadora-heteroperdoadora:*

01. **Amor.** Cultiva em si o amor incondicional pela Humanidade e Para-Humanidade, fazendo exercícios de perdão e doação energética para pessoas *difíceis:* consréus, vítimas revoltadas, criminosos, assaltantes, sociopatas e outros seres baratrosféricos, sem perder a lucidez e o senso crítico.

02. **Anti-interprisões.** Corta quaisquer gatilhos para interprisões grupocármicas *novas* através do perdão, do ajuste rigoroso de autoconduta e da busca ativa pela reconciliação através do *pedido de desculpas.*

03. **Conciliação.** Comparece a encontros conciliatórios e acareações sem pusilanimidade.

04. **Correção.** Aplica-se na correção *imediata,* ou o mais breve possível, dos erros pessoais, sem *panos quentes.* Procura levantar-se em seguida à queda, seguindo sem autoculpas, porém sem *esquecimentos seletivos* dos deslizes. A lembrança do mau passo inibe falhas futuras.

05. **Dissociação.** Sabe promover associações, aproximações e dissociações das experiências dos outros com as próprias vivências.

06. **Frieza.** Aponta problemas e soluções no conflito interconsciencial sem extrapolações emocionais.

07. **Harmoniologia.** Harmoniza o estado bifásico, híbrido, da autoimplacabilidade com a heterocordialidade.

08. **Isenção.** Avalia fatos e pessoas com máxima isenção, inclusive a si mesmo.

09. **Megafraternidade.** Vive a interassistencialidade com amizade e mentalsomática.

10. **Memória.** Apresenta supermemória em geral, contudo *esquece* com facilidade o mal perpetrado pelos outros contra si.

11. **Perdão.** Empenha-se em perdoar os outros de verdade, sem autoenganos ou *pontinhas de mágoa.* Detalhe: perdoa e depois *assiste.*

12. **Superavitárias.** Opta pelas omissões superavitárias na heterocrítica, se necessário. Aposenta o *tacape da verdade.*

13. **Tares.** Prima pelo exercício da tares com maior grau de acertos.

14. **Vitimizações.** Tira partido evolutivo das vitimizações não provocadas, pensando no melhor para todos.

***O** CONTRAPONTO DO PERDÃO **PODE SER VIVENCIADO COM BOM HUMOR, RACIONALIDADE E SEM QUALQUER LAIVO DE MASOQUISMO.***

# CONCLUSÃO

**Parafisiologia.** Ninguém se exime do parapsiquismo. Nem o mais materialista dos seres humanos o consegue. O atributo faz parte da parafisiologia de todos nós, querendo ou não.

**Adiamento.** Fugir do desenvolvimento das parapercepções somente adia o progresso evolutivo para outra vida humana à frente.

**Autoenfrentamento.** É preciso enfrentar os medos pessoais e encarar a abertura parapsíquica o quanto antes, predispondo-se à visão nítida e realista das relações interconscienciais e interdimensionais, mesmo quando patológicas.

**Assistência.** Urge atendermos à demanda de assistência com nossos dotes parapercepciológicos, edificando méritos que nos facultem o contato com consciexes evoluídas e comunidades extrafísicas extraordinárias, inspiradoras da evolução.

**Grupalidade.** Não evoluímos isolados. Não seguiremos à frente deixando consciências doentes para trás, nem os próprios assediadores. É preciso desmitificarmos as doenças conscienciais, promovermos os esclarecimentos e as recomposições adequadas a fim de galgarmos *juntos* novas etapas evolutivas à frente.

**Amálgama.** O parapsiquismo permite o amálgama interdimensional, quebrando barreiras de comunicação e contato, aproximando as consciências universalmente sob a égide da megafraternidade.

**Desperticidade.** O anseio e a busca determinada pela desperticidade demonstram interesse genuíno da consciência pela interassistencialidade, pois explicita o emprego inteligente da vontade na obtenção de razoável autossustentação frente à crescente demanda de assistidos.

**Esperança.** Ao leitor ou leitora que tenha se identificado com o conteúdo desta obra, autodiagnosticando-se enquanto conscin sensitiva padecedora de assédios extrafísicos ou vítimas de autoindisciplinas, faço votos ter sido o exemplo de autossuperação aqui descrito fonte de soluções práticas para o amadurecimento parapsíquico e autodesassédio, além de elemento desencadeador da *esperança otimista de autocura* na teática laboriosa do autoenfrentamento.

***A confiança tenaz na capacidade de autossuperação é o farol iluminando o oceano buliçoso dos conflitos conscienciais, guiando-nos rumo ao** aperfeiçoamento perene.*

# BIBLIOGRAFIA

01. **Bozzano**, E.; ***Xenoglossia: Mediunidade Poliglota;*** 210 p.; 4 caps.; FEB; 8ª. Ed.; Rio de Janeiro, RJ; 1980.

02. **Bozzano**, E. & **Gibier**, P.; ***Materializações de Espíritos;*** Trad. Francisco Werneck; Pref. Francisco Werneck; 154 p.; 15 caps.; Eco; 1ª. Ed.; Rio de Janeiro, RJ; 1973.

03. **Couto**, C.; ***Autopesquisa e Tarefas Assistenciais: uma Parceria Evolutiva;*** Artigo; *Anais do III Simpósio Interno do Grinvex;* 2 tabs.; 5 refs.; Assessoria Internacional ao Inversor Existencial; São Paulo, SP; Brasil; 13 a 15.10.2000; páginas 66 a 72.

04. **Idem**; ***Conscious Projection and Lucid Dreams;*** Artigo; *Journal of Conscientiology;* Revista científica; Trimensal; Vol. 6; N. 23; 1 abrev.; International Academy of Conscientiology; Londres, Inglaterra; Janeiro, 2004; páginas 251 a 254.

05. **Idem**; ***Epicentrismo Consciencial;*** Artigo; *Anais do XI Simpósio Interno do Grinvex;* 1 teste; 3 enus.; 8 abrevs.; 24 refs.; Assessoria Internacional ao Inversor Existencial; Rio de Janeiro, RJ; Brasil; 27 e 28.07.02; páginas 118 a 126.

06. **Idem**; ***Eurípedes Barsanulfo: Possibly an Existencial Inverter;*** Artigo; *Journal of Conscientiology;* Revista científica; Trimensal; Vol. 4; N. 16; 1 microbiografia; 6 enus.; 5 abrevs.; 14 refs.; International Academy of Conscientiology; Londres, Inglaterra; Abril, 2002; páginas 271 a 290.

07. **Idem**; ***Ginossoma e Invéxis;*** Artigo; *Conscientia;* Revista científica; Trimensal; Vol. 6; N. 4; 2 ilus.; 6 enus.; 3 abrevs.; 47 refs.; Associação Internacional do Centro de Altos Estudos da Consciência (CEAEC); Foz do Iguaçu, PR; Brasil; Out-Dez, 2002; páginas 180 a 192.

08. **Idem**; ***Intermissive Course and Interplanetary Excursions;*** Artigo; *Journal of Conscientiology;* Revista científica; Trimensal; Vol. 7; N. 26; International Academy of Consciousness; Londres; Inglaterra; Outubro, 2004; páginas 83 a 102.

09. **Idem**; ***UNICIN: Megafraternidade Vivenciada;*** Entrevista com Waldo Vieira; IIPC News; Tabloide; Quadrimestral; Ano 6; N. 20; 2 fotos; Foz do Iguaçu, PR; Agosto a Novembro, 2004; primeira página (chamada), páginas 4 e 5.

10. **Idem**; ***Estatísticas da Invéxis;*** Artigo; *Anais do VII Simpósio Interno do Grinvex;* 12 enus.; 51 tabs.; 4 gráfs.; 12 abrevs.; Assessoria Internacional ao Inversor Existencial; Rio de Janeiro, RJ; Brasil; 02 e 03.11.01; páginas 68 a 82.

11. **Idem**; ***Invexologia e Desperticidade;*** Artigo; *Conscientia;* Revista científica; Trimensal; vol. 8; n. 2; 5 enus.; 13 refs.; Associação Internacional do Centro de Altos Estudos da Conscienciologia (CEAEC); Abr-Jun, 2004; Foz do Iguaçu, PR; páginas 102-109.

12. **Idem**; ***Tenepes e Antecipações Evolutivas;*** Artigo; *Conscientia;* Revista científica; Trimensal; vol. 11; n. 2; 1 enu.; 1 ref.; Associação Internacional do Centro de Altos Estudos da Conscienciologia (CEAEC); Abr-Jun, 2007; Foz do Iguaçu, PR; páginas 121-124.

13. **Ganem**, F.; ***Conviviologia (Comunicologia);*** In: II Cinvéxis; 2003; Foz do Iguaçu, PR; Anais; *Gestações Conscienciais;* Edição especial; Vol. 4; IIPC; Rio de Janeiro, RJ; páginas 41 a 67.

14. **Guzzi**, F.; ***Mudar ou Mudar: Relatos de uma Reciclante Existencial;*** 226 p.; 2ª. Ed. Rev.; IIPC; Rio de Janeiro, RJ; 2000.

15. **Jornal da Cognópolis**; ***Nas Ondas da Mudança;*** entrevista com Graça Razera; Tabloide; Ano 14; N. 168; 1 foto; Foz do Iguaçu, PR; Julho de 2009; página 3.

16. **Kardec**, A.; ***A Obsessão: Origens, Sintomas e Curas;*** trad. Wallace Rodrigues; pref. Wallace Rodrigues; 274 p.; 40 cap.; O Clarim; 7ª. Ed.; Matão, SP; 2004.

17. **Kübler-Ross**, E.; ***A Roda da Vida: Memórias do Viver e do Morrer;*** 312 p.; 40 caps.; Sextante; 6ª. Ed.; Rio de Janeiro, RJ; 1998.

18. **Menezes**, B.; ***A Loucura sob Novo Prisma;*** 184 p.; 3 caps.; FEB; 9ª. Ed.; Rio de Janeiro, RJ; 1996.

19. **Miranda**, H.; ***Diálogo com as Sombras;*** 288 p.; 38 cap.; pref. Francisco Thiesen; FEB; 13ª. Ed.; Rio de Janeiro, RJ; 1999.

20. **Monteiro**, S.; ***Deusas e Adivinhas: Mulher e Adivinhação na Roma Antiga;*** trad. Nelson Canabarro; 270 p.; 6 caps.; Musa; 1ª. Ed.; São Paulo, SP; 1999.

21. **Neto**, J.; *Memórias de um Sanatório;* Biografia; pref. Paulo Brandão; 190 p.; 40 caps.; 1 foto; 16 x 23 cm; br.; 1ª. Ed.; Litteris Editora; Rio de Janeiro, RJ; 2003.

22. **Palhano**, L.; *Eusapia, a "Feiticeira";* pref. Dalva Souza; 214 p.; 21 caps.; CELD; 1ª.Ed.; Rio de Janeiro, RJ; 1995.

23. **Idem**; *Mirabelli: um Médium Extraordinário;* 238 p.; 21 caps.; CELD; 1ª.Ed.; Rio de Janeiro, RJ; 1994.

24. **Pernoud**, R.; *Hildegard de Bingen: A Consciência Inspirada do Século XII;* 134 p.; 9 caps.; Rocco; 1ª. Ed.; Rio de Janeiro, RJ; 1996.

25. **Pires**, H.; *Arigó: Vida, Mediunidade e Martírio;* 192 p.; 24 caps.; EME; 4ª. Ed.;Capivari, SP; 1998.

26. **Razera**, G.; *Hiperatividade Eficaz: uma Escolha Consciente;* pref. João Bonassi; 258 p.; 19 caps.; 21 x 14 cm; 1ª. Ed.; IIPC; Rio de Janeiro, RJ; 2001.

27. **Idem**; *As Ondas: O Tempo do Romance de Virginia Woolf;* 118 p.; 3 caps.; 14,5 x 20,5 cm; 1 tab.; 103 refs.; Ed. Coluna do Saber; 1ª. Ed.; Cascavel, PR; 2009.

28. **Schubert**, S.; *Obsessão e Desobsessão: Profilaxia e Terapêutica Espíritas;* pref. Francisco Thiesen; 192 p.; 44 caps.; FEB; 16ª. Ed.; Rio de Janeiro, RJ; 1997.

29. **Teles**, M.; *Profilaxia das Manipulações Conscienciais;* pref. Flávia Guzzi; 338 p.; 44 caps.; 21 x 14 cm; 355 refs.; 1ª. Ed.; Editares; Foz do Iguaçu, PR; 2007.

30. **Thiago**, G.; *Vivendo em Múltiplas Dimensões;* pref. Wagner Alegretti; 336 p.; 32 caps.; IIPC; 1ª. Ed.; Rio de Janeiro, RJ; 1999.

31. **Vieira**, W.; *200 Teáticas da Conscienciologia;* 260 p.; 200 caps.; 13 refs.; alf.; 21 x 14 cm; br.; IIPC; Rio de Janeiro, RJ; 1997; página 210.

32. **Idem**; *700 Experimentos da Conscienciologia;* 1.058 p.; 700 caps.; 300 testes; 8 índices; 2 tabs.; 600 enus.; 5.116 refs.; geo.; 147 abrevs.; alf.; glos. 280 termos; enc.; IIPC; Rio de Janeiro, RJ; 1994.

33. **Idem**; *Conscienciograma: Técnica de Avaliação da Consciência Integral;* 344 p.; 100 folhas de avaliação; 2.000 itens; 4 índices; 11 enus.; 7 refs.; glos. 282 termos; 150 abrevs.; alf.; 21 x 14 cm; br.; IIPC; Rio de Janeiro, RJ; Brasil; 1996.

34. **Idem**; *Enciclopédia da Conscienciologia;* 756 p.; 240 caps.; CEAEC & Editares; 1ª Ed.; Foz do Iguaçu, PR; 2006.

35. **Idem**; *Homo sapiens reurbanisatus;* 1.584 p.; 479 caps.; 40 ilus.; 7 índices; 102 sinopses; 7.653 refs.; glos. 214 termos; 139 abrevs.; geo.; ono.; alf.; 28 x 21 x 7 cm; enc.; CEAEC; Foz do Iguaçu, PR; Brasil; 2003.

36. **Idem**; *Manual da Dupla Evolutiva;* 208 p.; 40 caps.; 16 refs.; alf.; 21 x 14 cm; br; IIPC; Rio de Janeiro, RJ; Brasil; 1997.

37. **Idem**; *Manual da Proéxis;* 168 p.; 40 caps.; 17 refs.; alf.; 21 x 14 cm; br.; 3ª Ed.; br.; IIPC; Rio de Janeiro, RJ; Brasil; 2003.

38. **Idem**; *Manual da Tenepes;* 138 p.; 34 caps.; 5 refs.; glos. 282 termos; 147 abrevs.; alf.; 21 x 14 cm; br.; IIPC; Rio de Janeiro, RJ; Brasil;1995.

39. **Idem**; *Projeciologia: Panorama das Experiências da Consciência Fora do Corpo Humano;* 1.248 p.; 525 caps; 43 ilus.; 1.907 refs.; glos. 300 termos; 150 abrevs.; ono.; geo.; alf.; 27 x 18,5 x 6 cm; enc.; 4ª Ed.; IIPC; Rio de Janeiro, RJ; Brasil; 1999.

40. **Idem**; *Projeções da Consciência: Diário de Experiências Fora do Corpo Físico;* 224 p.; glos. 24 termos; alf.; 21 x 14 cm; br.; 5ª Ed. Revisada; IIPC; Rio de Janeiro, RJ; Brasil; 1999.

41. **Idem**; *Técnica de Viver;* pref. Emmanuel; 184 p.; 60 caps.; CEC; 9ª. Ed.; Uberaba, MG; Brasil; 1995.

42. **Vieira**, W. & **Xavier**, F.; *Desobsessão;* Pref. Emmanuel; 248 p.; 73 caps.; FEB; 16ª. Ed.; Rio de Janeiro, RJ; Brasil; 1997.

43. **Idem**; *Estude e Viva;* 230 p.; 40 caps.; FEB; 8ª.Ed.; Rio de Janeiro, RJ;1996.

44. **Idem**; *Evolução em Dois Mundos;* Pref. Emmanuel; 218 p.; 40 caps.; FEB; 16ª. Ed.; Rio de Janeiro, RJ; Brasil; 1998.

45. **Virgílio**; *Eneida;* 366 p.; trad. Tassilo Spalding; 12 caps.; Nova Cultural; São Paulo, SP; Brasil; 2003; páginas. 148 a 175.

# ÍNDICE DE ESTRANGEIRISMOS

*Accident proneness* (Ing.) – Predisposição a acidentes.

*Acid test* (Lat.) – Prova dos nove, prova decisiva a que se submete a autenticidade ou valor de alguma coisa.

*Ad augusta per angusta* (Lat.) – No rumo de resultados sublimes por vias estreitas.

*A posteriori* (Lat.) – Diz-se de argumento, prova, raciocínio ou demonstração que passe de fatos e conclusões gerais, como os que vão do condicionado ao condicionante; raciocínio que remonta do efeito à causa. Método da indução.

*Approach* (Ing.) – Aproximação; abordagem aproximativa.

*Background* (Ing.) – Base, experiência, formação, educação, prática.

*Banner* (Ing.) – Bandeira, estandarte, pendão.

*Congressus Subtilis* (Lat.) – Intercurso ou congresso sexual sutil durante o repouso somático da conscin com 1 consciex ou outra conscin projetada.

*Coniunctio* (Lat.) – Processo contínuo de união ou conjunção dos opostos abarcando 4 condições diversas: 1. na intimidade do microuniverso da consciência; 2. entre conscins; 3. entre consciexes; 4. entre conscins e consciexes.

*Curriculum vitae* (Lat.) – Currículo.

*Display* (Ing.) – Visor, aparato (de exibição).

*En petit comité* (Fr.) – em reunião com poucos integrantes, reservada.

*Feedback* (Ing.) – Retorno, retroalimentação.

*Flash* (Ing.) – Lampejo, clarão; inspiração.

*Full time* (Ing.) – Tempo integral.

*Gap* (Ing.) – Lacuna, vácuo, intervalo, brecha.

*Insight* (Ing.) – Perspicácia, discernimento.

*Joie de vivre* (Fr.) – Alegria, leveza, prazer em viver.

***Kitsch*** **(Ing.)** – Estilo no qual há falta de bom gosto; brega, cafona.

***Kundalini*** **(Sânsc.)** – Energia consciencial que jaz dormente na intimidade da conscin (sexochacra) até ser ativada por sua vontade, e que permite alcançar poderes conscienciais.

***Laptop*** **(Ing.)** – Computador portátil.

**Major** **(Lat.)** – Maior; manifestação maior, de alta intensidade ou completa, de algo.

***Marketing*** **(Ing.)** – A arte de vender em um mercado; promoção de algo com o objetivo de venda ou aceitação de determinado produto no mercado.

***Mastermind*** **(Ing.)** – Mentor(a) intelectual.

***Maya*** **(Sânsc.)** – O conceito de ilusão que representa a natureza da dimensão humana, do universo físico.

***Ménage à trois*** **(Fr.)** – Reunião de base sexual envolvendo três pessoas.

***Minor*** **(Lat.)** – Menor; manifestação menor, de suave intensidade, de algo.

***Modus faciendi*** **(Lat.)** – Maneira de agir, o *como* executar.

***Modus vivendi*** **(Lat.)** – Modo ou maneira de viver.

***Naïf*** **(Fr.)** – Ingênuo; superficial.

***Paper*** **(Ing.)** – Artigo científico.

***Persona non grata*** **(Ing.)** – Pessoa não bem-vinda; pessoa indesejável.

***Pétit mal*** **(Fr.)** – Pequeno mal, manifestação epilética com predomínio de ausências.

***Poltergeist*** **(Alemão)** – Um *fantasma* ou consciex que se supõe manifestar a sua presença através de ruídos, batimentos, perturbações e efeitos intrafísicos.

***Post-mortem*** **(Lat.)** – Além do túmulo, na outra vida; período após a dessoma.

***Quousque tandem?*** **(Lat.)** – Até quando, afinal?

***Rapport*** **(Fr.)** – Harmonia, afinidade ou ligação bioenergética e interconsciencial.

***Schadenfreude*** **(Alemão)** – Satisfação malévola.

***Sharia*** **(Árabe)** – Corpo de princípios religiosos islâmicos aos quais se dá força de lei para reger a vida dos muçulmanos; sistema de leis omnicompreensivo, cujos princípios básicos de acham contidos no Alcorão. Fornece respaldo legal para *crimes de honra,* lapidações, amputações, dentre outras rígidas penas.

***Short*** **(Ing.)** – Calça curta.

***Sine qua non*** **(Lat.)** – Sem a qual não.

***Slow motion*** **(Ing.)** – Em câmera lenta; vagaroso.

***Status*** **(Lat.)** – Conjunto de direitos e deveres que caracterizam a posição de uma conscin em relação a outras.

***Status quo*** **(Lat.)** – No estado atual das coisas.

***Swing*** **(Ing.)** – Troca de parceiros sexuais entre componentes de casais.

***Wireless*** **(Ing.)** – Recepção ou envio de sinais via rádio.

***Yang*** **(Chin.)** – Pela Filosofia chinesa, modalidade de energia com propriedades específicas, caracteristicamente masculina.

***Yin*** **(Chin.)** – Pela Filosofia chinesa, modalidade de energia com propriedades específicas, caracteristicamente feminina.

*Para a elaboração deste índice foram utilizadas as seguintes referências:*

**Crowter,** J. (editor); ***Oxford – Advanced Learner's Dictionary;*** Oxford University Press; 5a Edição; Oxford, UK; 1995.

**Houaiss,** A. & Villar, M; ***Dicionário Houaiss da Língua Portuguesa;*** Editora Objetiva; Rio de Janeiro, RJ; 2001.

**Tudu,** S. e **Masto,** R.; ***Eu, Safiya;*** Editora Verus; Campinas, SP; 2004; pág. 154.

**Vieira,** W.; ***700 Experimentos da Conscienciologia;*** Editora IIPC; Rio de Janeiro, RJ; 1994; páginas 943 a 956.

**Idem;** ***Enciclopédia da Conscienciologia;*** Editora CEAEC & Editares; 1a Ed.; Foz do Iguaçu, PR; 2006; p. 333.

**Site:** *www.wikipedia.org.br*

# GLOSSÁRIO

Este glossário foi extraído do livro *Projeciologia: Panorama das Experiências da Consciência Fora do Corpo Humano*, de autoria de Waldo Vieira.

**Observações.** Aqui estão listadas 300 denominações, palavras compostas, expressões e seus equivalentes técnicos da Projeciologia.

**Abordagem extrafísica** – Contato de uma consciência com outra nas dimensões extrafísicas.

**Acidente parapsíquico** – Distúrbio físico ou psicológico gerado por influências energéticas, interconscienciais, doentias, em geral de origem extrafísica, ou multidimensional.

**Acoplamento áurico** – Interfusão das energias holochacrais entre 2 ou mais consciências.

**Agenda extrafísica** – Anotação por escrito da relação de alvos conscienciais extrafísicos, prioritários – seres, locais ou ideias, que o projetor projetado procura alcançar gradativamente, de maneira cronológica, estabelecendo esquemas inteligentes ao seu desenvolvimento.

**Alucinação** (Latim: *hallucinari,* errar) – Percepção aparente de objeto externo não presente no momento; erro mental na percepção dos sentidos, sem fundamento em uma realidade objetiva.

**Alvo mental projetivo** – Meta predeterminada que a conscin objetiva alcançar, através da vontade, intenção, mentalização e decisão, ao se ver lúcida fora do soma.

**Amência consciencial** – Condição da consciência incapaz de pensar com equilíbrio mental razoável.

**Amparador** – Consciex auxiliadora de uma conscin ou de várias conscins; benfeitor extrafísico. Expressões equivalentes, arcaicas, desgastadas e envilecidas pelo emprego continuado: *anjo de guarda; anjo guardião; anjo de luz; guia; mentor.*

**Andaimes conscienciais** – *Muletas* psicológicas ou fisiológicas quando dispensáveis.

**Androchacra** (*andro + chacra*) – O sexochacra do homem.

**Andropensene** (palavra composta: *andro + pen + sen + ene)* – Pensene específico da conscin masculina primitiva ou o *machão.*

**Androssoma** *(andro + soma)* – O corpo humano masculino ou específico do homem.

**Animismo** (Latim: *animus,* alma) – Conjunto dos fenômenos intra e extracorpóreos produzidos pela conscin, sem interferências externas, como, por exemplo, o fenômeno da projeção consciente induzida pela própria vontade.

**Antipensene** *(anti + pen + sen + ene)* – O pensene antagônico, comum nas refutações, nos omniquestionamentos e nos debates produtivos.

**Aparição intervivos** – Ação do aparecimento da consciência do projetor humano, projetado, às conscins.

**Arrastão extrafísico** – Ação de um grupo de consciexes energívoras, inclusive guias extrafísicos cegos, nas dimensões paratroposféricas, com o objetivo de vampirizar as conscins, nos ambientes de comemorações ou eventos intrafísicos, que reúnem pessoas predispostas à condição da vitimização assediadora coletiva, através das energias conscienciais.

**Assedialidade** – Intrusão pensênica interconsciencial, doentia. Expressão equivalente, anacrônica: *obsessão;* há numerosas conscins que se defendem contra esta palavra.

**Assim** *(as + sim)* – Assimilação simpática de ECs, ou energias conscienciais, pela vontade, não raro com a decodificação de um conjunto de pensenes de outra (s) consciência (s).

**Atacadismo consciencial** – Sistema de comportamento individual caracterizado pela diretriz de se levar em conjunto, ou de eito, os atos conscienciais, sem deixar rastros ou *gaps* evolutivos, negativos, para trás.

**Aura** (Latim: *aura,* sopro de ar) **orgástica** – Energia holochacral do *facies sexualis* do homem ou da mulher no momento exato do orgasmo ou do clímax do ato sexual.

**Aura peniana** – Energia sexochacral em torno do pênis, notadamente quando em ereção, perceptível por qualquer pessoa motivada, em especial pelo próprio homem excitado sexualmente.

**Autobilocação** (Grego: *autos,* próprio; latim, *bis,* dois; e *locus,* lugar) **consciencial** – Ato de o projetor (ou projetora) intrafísico encontrar e contemplar o próprio corpo humano (soma) frente a frente, estando a sua consciência (conscin) fora dele, sediada noutro veículo de manifestação consciencial.

**Autoconsciencialidade** – Qualidade do nível de autoconhecimento por parte da própria consciência; megaconhecimento.

**Autoconscientização multidimensional** (AM) – Condição da lucidez madura da conscin quanto à vida consciencial no estado evoluído de multidimensionalidade, alcançado através da PL, ou projetabilidade lúcida.

**Autoimperdoador** – Conscin – homem ou mulher – que não se perdoa, em suas autodisciplinas, quanto aos próprios erros e omissões, a fim de eliminar as autocorrupções conscientes. Esta condição sadia se antepõe à condição, também sadia, do *hetero*perdoador (ou *hetero*perdoadora), *perdoador universal,* sincero, em relação a todos os seres, para sempre, *um princípio básico da maxifraternidade.*

**Automimese existencial** – Imitação, por parte da conscin, das próprias vivências ou experiências passadas, sejam do renascimento intrafísico atual ou de existências anteriores.

**Automimeticidade** – Qualidade consciencial da automimese existencial.

**Autopensene** *(auto + pen + sen + ene)* – O pensene da própria consciência.

**Autoprojeção** – Saída da conscin para outra dimensão consciencial, através do mentalsoma, ou do psicossoma, intencional ou provocada pela vontade.

**Autorrevezamento consciencial** – Condição avançada em que a consciência evolui entrosando uma existência intrafísica com outra, consecutivamente *(proéxis vinculadas),* ao modo dos elos de uma cadeia (seriéxis), dentro do seu ciclo multiexistencial *(holobiografia).*

**Base física** – Local seguro, escolhido pela conscin para deixar o seu soma, inanimado ou repousando, enquanto se projeta conscientemente para outras dimensões conscienciais fora dele; *duplódromo.* Um holopensene projeciogênico domiciliar. Apresenta relação direta com: a alcova energeticamente blindada; a tenepes; o epicon; a ofiex; o *projetarium;* o *precognitarium;* e o *retrocognitarium.*

**Binômio admiração-discordância** – Postura da conscin, madura quanto à evolução consciencial, que já sabe viver em coexistência pacífica com uma outra conscin, a quem ama e admira, e, ao mesmo tempo, não concorda sempre ou 100% com ela quanto aos seus pontos de vista, opiniões ou posicionamentos.

**Binômio lucidez-rememoração** – Conjunto das 2 condições indispensáveis à conscin para que a mesma obtenha uma projeção lúcida (fora do soma) plenamente satisfatória.

**Biopensene** *(bio + pen + sen + ene)* – O pensene específico da consciência humana ou intrafísica.

**Bitanatose** – Desativação e descarte do holochacra, depois da dessoma, incluindo a retirada dos resquícios das conexões energéticas do holochacra no psicossoma; *segunda morte;* segunda dessoma.

**Bradipensene** *(bradi + pen + sen + ene)* – O pensene de fluxo vagaroso, próprio da consciência humana bradipsíquica.

**Cardiochacra** *(cardio + chacra)* – O quarto chacra básico, agente influente na emotividade da conscin, vitalizador do coração e dos pulmões.

**Casal incompleto** – Par de homem e mulher que *não* chega a formar o casal íntimo (aquele casal que pratica o ato sexual completo), contudo, mantém forte laço afetivo.

**Catatonia extrafísica** – Condição fixa da conscin, quando projetada, que mantém atos extrafísicos estereotipados, repetidos e, em geral, inúteis ou dispensáveis quanto à sua evolução.

*Cérebro abdominal* (V. **Subcérebro abdominal**).

**Chacra** – Núcleo ou campo limitador de energia consciencial, cujo conjunto constitui basicamente o holochacra, paracorpo energético dentro do soma, fazendo a junção com o psicossoma, atuando como ponto de conexão pelo qual a EC flui de um veículo consciencial para outro.

**Ciclo mentalsomático** – O ciclo ou curso evolutivo da consciência que se inicia na sua condição de CL, ou consciência livre, em que desativa definitivamente o seu psicossoma (terceira dessoma) e vive tão só com o mentalsoma.

**Ciclo multiexistencial** – Sistema ou condição de alternância contínua, em nosso nível evolutivo médio, de um período de renascimento intrafísico com outro período pós-desativação somática, extrafísico, ou a *intermissão.*

**Clima interconsciencial** – Condição do multientendimento em um encontro interconsciencial, estabelecida através de pensenes afinizados, especialmente *carregados* nas ECs, ou energias conscienciais. Há climas, *climinhas* e *climões* interconscienciais.

**Coepicon** – Amparador que trabalha com a conscin, epicon praticante veterando, em suas tarefas energéticas pessoais, seja na condição de seu colega nas práticas diárias da tenepes ou na assistência constante às consciexes recolhidas em sua ofiex.

**Compensação intraconsciencial** – Técnica conscienciométrica fundamentada no emprego maior de um atributo consciencial, mais desenvolvido (traf*o*r), sobre outro, ou outros atributos conscienciais menos desenvolvidos (traf*a*res) no microuniverso da conscin.

**Compléxis** *(comple + exis)* – Condição da completude existencial da proéxis da consciência humana.

**Comunicologia** – Área ou especialidade da Conscienciologia que estuda a comunicabilidade da consciência de todas as naturezas e formas, inclusive a comunicação interconsciencial entre as dimensões conscienciais, considerando a projetabilidade consciencial lúcida e as abordagens da consciência "inteira" (holossoma, holobiografia, holomemória).

**Comunidade extrafísica** – Reunião e vida em comum de consciexes em uma dimensão extrafísica.

**Con** – Unidade hipotética de medida do nível de lucidez da conscin ou da consciex.

**Concentração consciencial** – Estado da focalização direta, sem desvios, dos sentidos, atributos conscienciais, vontade e intenção da consciência sobre um só objeto.

**Confor** *(con + for)* – Interação do conteúdo (ideia, essência) com a forma (apresentação, linguagem) nos processos da comunicação interconsciencial (Comunicologia).

**Consciência** (Latim: *con + scientia,* com conhecimento) **livre (CL)** – Consciência – ou melhor: consciex – que se libertou definitivamente (desativação) do psicossoma ou paracorpo emocional, e das fieiras dos renascimentos intrafísicos, situada na *hierarquia evolutiva* depois do *Homo sapiens serenissimus.*

**Conscienciês** – Idioma telepático, não simbólico, nativo nas dimensões conscienciais das Sociexes muito evoluídas.

**Conscienciocentrismo** – Filosofia social que centraliza os seus objetivos na consciência em si, e em sua evolução, especialidade da Conscienciologia, sob o nome de *Conscienciocentrologia,* que estuda a criação e a manutenção da instituição consciencioCêntrica ao modo de uma cooperativa consciencial, dentro da Socin Conscienciológica, com base nos vínculos empregatício e consciencial.

**Conscienciograma** – Planilha técnica das medidas avaliativas do nível de evolução da consciência; megateste consciencial que tem por modelo o *Homo sapiens serenissimus,* responsável por uma conta corrente egocármica positiva. Instrumento básico empregado nos testes conscienciométricos.

**Conscienciologia** – Ciência que estuda a consciência de modo integral, holossomático, multidimensional, multimilenar, multiexistencial e, sobretudo, conforme as suas reações perante as EIs e as ECs, bem como em seus múltiplos estados.

**Consciencióloqo** (a) – Conscin empenhada no estudo permanente e na experimentação objetiva, dentro do campo de pesquisas da Conscienciologia, na qualidade de agente de renovações evolutivas (*agente retrocognitor*), no trabalho libertário das consciências em geral.

**Conscienciometria** – Disciplina ou área que estuda as medidas conscienciológicas, ou da consciência, através dos recursos e métodos oferecidos pela Conscienciologia, capazes de assentar as bases possíveis da *matematização da consciência.* Instrumento principal: conscienciograma.

**Consciencioterapia** – Especialidade que estuda o tratamento, alívio ou remissão de distúrbios da consciência, executados através dos recursos e técnicas derivados da Conscienciologia.

**Consciex** *(consci + ex)* – Consciência *extra*física; o paracidadão ou paracidadã da Sociex. Sinônimo envilecido pelo uso: *desencarnado.*

**Conscin** *(consci + in)* – Consciência *intra*física; a personalidade humana; o cidadão ou cidadã da Socin. Sinônimo envilecido pelo uso: *encarnado.*

**Continuísmo consciencial** – Condição da inteireza – sem brechas – na continuidade da vida consciencial através da previsão providencial e do autorrevezamento evolutivo, ou seja: a emenda desta vivência do momento, às vivências imediatamente anterior e posterior, incessantemente, em um todo coeso e único, sem solução de continuidade nem experiências conscienciais estanques.

**Contracorpo** – O mesmo que holochacra, o veículo específico da EC da conscin.

**Contrapensene** *(contra + pen + sen + ene)* – Pensene *intra*consciencial da conscin; refutação mental muda; *palavra mental;* o pensene mudo; um tipo de *intrapensene.*

**Copensene** *(co + pen + sen + ene)* – O pensene da coopção específica do coro, dos rezadores em grupo e das multidões.

**Coprojetor** – Amparador que trabalha conjuntamente com a conscin no desenvolvimento das suas projeções conscienciais, lúcidas, assistidas.

**Cordão de ouro** – Suposto elemento energético – à semelhança de um controle remoto – que mantém o mentalsoma ligado ao paracérebro do psicossoma.

**Coronochacra** *(corono + chacra)* – O chacra da área do sincipúcio, *coroa* o holochacra.

**Cosmoconsciência** – Condição ou percepção interior da consciência do cosmo, da vida e da ordem do Universo, em uma exaltação intelectual e cosmoética impossível de se descrever, quando a consciência sente a presença viva do Universo e se torna una com ele, em uma unidade indivisível. Há comunicação interconsciencial nesta condição peculiar.

**Cosmoética** (*cosmo + ética)* – Ética ou reflexão sobre a moral cósmica, multidimensional, que define a holomaturidade, situada além da moral social, intrafísica, ou que se apresenta sob qualquer rótulo humano. É uma especialidade da Conscienciologia.

**Cosmoeticidade** – Qualidade cosmoética da consciência.

**Cosmopensene** *(cosmo + pen + sen + ene)* – Pensene específico do conscienciês ou do estado da cosmoconsciência; forma de comunicação do conscienciês.

**Coterapeuta** – Amparador que trabalha conjuntamente com a conscin conscienciotérapeuta no desenvolvimento dos procedimentos técnicos assistenciais da conscienciotérapia aos seus pacientes.

**Curso grupocármico** – Conjunto dos estágios da consciência dentro do grupo consciencial evolutivo.

**Curso intermissivo** – Conjunto de disciplinas e experiências teáticas administradas à consciex, depois de determinado nível evolutivo, durante o período da intermissão consciencial, dentro do seu ciclo de existências pessoais, objetivando o completismo consciencial (compléxis) da próxima vida intrafísica.

**Dermatologias da consciência** – Expressão composta atribuída às Ciências convencionais, fisicalistas, subordinadas ao paradigma newtoniano-cartesiano, mecanicista, que centram as suas pesquisas tão-somente no soma, porque não dispõem da instrumentalidade necessária para as investigações técnicas, diretas, da consciência em si; dermatologias da conscin. Ciências periconscienciais.

**Desassim** (*desas* + *sim*) – Desassimilação simpática de ECs exercida pela impulsão da vontade, normalmente através do EV.

**Descoincidência vígil** – Condição parapsíquica da conscin – projetor ou projetora – em que a mesma se percebe com o psicossoma fora do estado da coincidência, em plena vigília física ordinária, sem se sentir completamente integrada ao soma, gerando a intensificação de parapercepções e fenômenos energéticos e parapsíquicos.

**Desperticidade** – Qualidade consciencial do ser desperto.

**Desperto** (*des* + *per* + *to*) – Ser intrafísico, ou conscin, desassediado, permanente, total, plenamente autoconsciente da sua qualidade de desperticidade.

**Dessoma** *(des + soma)* – Desativação somática, próxima e inevitável para todas as conscins; projeção final; *primeira morte*; morte biológica; monotanatose. A dessoma (simplesmente) ou *primeira* dessoma é a desativação do corpo humano ou soma. A *segunda* dessoma é a desativação do holochacra. A *terceira* dessoma é a desativação do psicossoma.

**Dessomática** – Estudo dos contextos físicos da dessoma e dos contextos psicológicos, sociais e médico-legais relacionados com a desativação do soma. É uma especialidade da Conscienciologia.

**Devaneio** – Enredo fantasioso criado pela imaginação durante o estado da vigília física ordinária da consciência humana.

**Dimener** (*dime + ener)* – Dimensão energética das consciências; dimensão holochacral; dimensão *três-e-meia*. Dimensão natural do holochacra.

**Dupla evolutiva** – Duas consciências que interagem positivamente em evolução conjunta; condição existencial de *evolutividade intercooperativa* a dois.

**Ectopia consciencial** – Execução insatisfatória da proéxis, de maneira excêntrica, deslocada, fora do roteiro programático escolhido para a própria vida intrafísica.

**Egocarma** *(ego + carma)* – Princípio de causa e efeito, atuante na evolução da consciência, quando centrado exclusivamente no ego em si. Estado do livre-arbítrio preso ao egocentrismo infantil.

**Egopensene** *(ego + pen + sen + ene)* – O mesmo que autopensene; a *unidade de medida* do egoísmo consciencial, segundo a Conscienciologia, ou, mais apropriadamente, a Conscienciometria.

**Encapsulamento parassanitário** – Isolamento assistencial e a anulação energética, temporária, das manifestações pensênicas – notadamente energéticas, intrusivas ou assediadoras – de 1 ou mais consciências, conscins e/ou consciexes, enfermas, ao modo dos isolamentos sanitários existentes nos hospitais de doenças infectocontagiosas com internados que apresentam alto poder de contaminação doentia, radiativa ou tóxica.

**Energia consciencial** (EC) – A energia imanente que a consciência emprega em suas manifestações em geral; o *ene* do pensene.

**Energia imanente** (EI) – Energia primária, vibratória, essencial, multiforme, impessoal, difusa e dispersa em todos os objetos ou *realidades* do Universo, de modo onipotente, ainda indomada pela consciência humana, e demasiadamente sutil para ser descoberta e detectada pelos atuais instrumentos tecnológicos.

**Enumerologia** – Técnica didática de feitura e processamento de textos, centrada na autocrítica informativa.

**Epicon** (*epi + con)* – Epicentro consciencial; conscin-chave do epicentrismo operacional, que se torna um fulcro de lucidez, assistencialidade e construtividade interdimensional, através da ofiex. Tem relação direta com a *tenepes* ou a tarefa energética pessoal.

**Era consciencial** – Aquela na qual a média das conscins encontrar-se-á suficientemente evoluída, através dos impactos, redefinições e revoluções criadas pela vivência da projetabilidade lúcida (PL), implantando-se o *primado da autoconsciencialidade.*

**Estado de animação suspensa** – Aquele no qual a conscin tem suspensas, temporariamente, as funções vitais essenciais do seu corpo celular, retornando, depois, às suas condições fisiológicas normais, em certos casos sem ocorrer quaisquer danos à sua saúde, sobrevivendo as células em metabolismo de hibernação humana.

**Estado vibracional** (EV) – Condição técnica de dinamização máxima das energias do holochacra, através da impulsão da vontade.

**Estigma assediador** – Um insucesso, sempre dramático, em geral patológico, ou uma derrota evolutiva, assentada, em geral, em uma auto-obcecação consciencial geradora da melin ou da melex. Muitas vezes, resulta em acidentes parapsíquicos.

**Euforex** (*eufor + ex)* – Condição de euforia extrafísica, após a desativação somática, gerada pelo cumprimento razoável da proéxis; euforia *post-mortem*; para-euforia; euforia pós-somática.

**Euforin** (*eufor + in)* – Condição da euforia intrafísica, antes da desativação somática gerada pelo cumprimento razoável da proéxis; euforia *pré-mortem.* Condição predisponente ideal à moréxis positiva.

**Eunuco de bases conscienciais** – Conscin castrada e manipulada consciencialmente pelos sectários, domesticadores dos *robôs satisfeitos,* os escravos modernos da massa impensante.

**Evoluciologia** – Especialidade da Conscienciologia que estuda a evolução da consciência abordada de modo integral, em alto nível, matéria adstrita especificamente ao evoluciólogo ou orientador evolutivo.

**Evoluciólogo** – Consciência coadjutora da coordenação inteligente da proéxis (programação existencial), ou da evolução consciencial de uma ou mais consciências, do mesmo grupocarma. Expressão mais adequada do que *orientador evolutivo.*

**Existência holochacral** – Vida intrafísica da consciência humana.

**Existência trancada** – Vivência humana sem a produção de PCs; vida humana troposférica somente com projeções inconscientes, vegetativas, características do estado do paracoma evolutivo.

**Experiência da Quase-Morte** (EQM) – Ocorrência projetiva, involuntária ou forçada por circunstâncias humanas, críticas, da consciência humana, comum a doentes terminais, pacientes morituros e sobreviventes da morte clínica.

**Extrafísico** – Relativo àquilo que esteja fora, ou além, do estado *intra*físico ou humano; estado consciencial *menos* físico do que o soma.

**Fenômeno concomitante à PC** – O que ocorre no *continuum* espaço-tempo ou não, mas simultaneamente com o desenvolvimento da experiência da projeção consciente, de modo espontâneo e inesperado.

**Fenômeno projetivo** – Ocorrência parapsíquica específica do âmbito de pesquisa da Projeciologia.

**Fitopensene** *(fito + pen + sen + ene)* – O pensene rudimentar da planta; a *unidade léxica* da planta, segundo a Conscienciologia.

**Geoenergia** *(geo + energia)* – Energia imanente (EI) proveniente do solo ou da terra e absorvida pela conscin através da *pré-kundalini.* Expressão arcaica: *energia telúrica.*

**Gestação consciencial** – Produtividade evolutiva, útil, da consciência humana, dentro do quadro de obras pessoais da programática da sua proéxis.

**Ginochacra** (*Gino + chacra)* – O sexochacra da mulher.

**Ginopensene** *(gino + pen + sen + ene)* – O pensene específico da linguagem e comunicabilidade feminina.

**Ginossoma** *(gino + soma)* – O corpo humano feminino ou específico da mulher, especializado na reprodução animal da vida intrafísica da conscin; o corpo afrodisíaco.

**Grafopensene** *(grafo + pen + sen + ene)* – A *assinatura pensênica* da consciência humana ou intrafísica.

**Grecex** *(gr + rec + ex)* – Grupo de reciclantes existenciais; reunião e vivência intrafísica, conjunta, em grupo, objetivando a experiência das recéxis planificadas. Plural: grecexes.

**Grinvex** *(gr + inve + ex)* – Grupo de inversores existenciais; reunião e vivência intrafísica, conjunta, em grupo, objetivando a experiência das invéxis planificadas. Plural: grinvexes.

**Grupalidade** – Qualidade do grupo evolutivo da consciência; condição da evolutividade em grupo.

**Grupocarma** *(grupo + carma)* – Princípio de causa e efeito, atuante na evolução da consciência, quando centrado no grupo evolutivo. Estado do livre-arbítrio individual, quando ligado ao grupo evolutivo.

**Grupopensene** *(grupo + pen + sen + ene)* – O pensene sectário, corporativista e antipolicármico; mas o grupopensene pode ser também construtivo.

**Guia cego** – Consciência amoral ou inexperiente que ajuda outra consciência, de modo anticosmoético, segundo os seus interesses egóicos do momento, em detrimento de outras.

**Heteropensene** *(hetero + pen + sen + ene)* – O pensene de outrem em relação a nós.

**Hiperacuidade** – Qualidade da lucidez máxima da conscin alcançada pela recuperação – que lhe é possível – dos cons.

**Hiperespaços conscienciais** – Dimensões conscienciais extrafísicas.

**Hiperpensene** *(hiper + pen + sen + ene)* – O pensene heurístico; a ideia original da descoberta; o pensene neofílico; a *unidade de medida* da invenção, segundo a Conscienciometria.

**Hipnagogia** (Grego: *hipnos,* sono; e *agogós,* condutor) – Condição crepuscular de transição da consciência entre o estado da vigília física ordinária e o estado do sono natural. É um estado alterado da consciência.

**Hipnopompia** (Grego: *hipnos,* sono; e *pompikós,* procissão) – Condição de transição do sono natural, introdutória ao despertamento físico, no semi-sono que precede o ato de acordar, caracterizada por imagens oníricas com efeitos auditivos e visões alucina-tórias que subsistem após o despertar. É um estado alterado da consciência.

**Hipopensene** *(hipo + pen + sen + ene)* – O mesmo que protopensene ou fitopensene.

**Holocarma** *(holo + carma)* – Reunião dos 3 tipos de ações e reações conscienciais – egocarma, grupocarma e policarma – dentro dos princípios de causa e efeito, atuantes na evolução da consciência.

**Holochacra** *(holo + chacra)* – Paracorpo energético da consciência humana.

**Holochacralidade** – Qualidade das manifestações da conscin derivadas do holochacra ou corpo energético.

**Holomaturidade** *(holo + maturidade)* – Condição da maturidade integrada – biológica, psicológica, holossomática e multidimensional – da consciência humana.

**Holomemória** (*holo + memória)* – Memória causal, composta, multimilenar, multiexistencial, implacável, ininterrupta, pessoal, que retém todos os fatos relativos à consciência; multimemória; polimemória.

**Holopensene** (*holo + pen + sen + ene)* – Pensenes agregados ou consolidados. Sinônimo envilecido pelo uso: *egrégora*. Esta palavra gera resistência em larga faixa dos leitores sérios das ciências.

**Holopensene domiciliar** – Base física; alcova energeticamente blindada; ofiex.

**Holorgasmo** (*holo + orgasmo)* – Orgasmo holossomático; êxtase máximo gerado pelas energias de todo o holossoma.

**Holossoma** (*holo + soma)* – Conjunto dos veículos de manifestação da conscin: soma, holochacra, psicossoma e mentalsoma; e da consciex: psicossoma e mentalsoma.

**Holossomática** – Estudo específico do holossoma. É uma especialidade da Conscienciologia.

**Homeostase holossomática** – Estado integrado, hígido, de harmonia do holossoma.

**Homopensene** *(homo + pen + sen + ene)* – O pensene da emissão e da recepção telepática; a *unidade de medida* na telepatia, segundo a Conscienciometria.

***Homo sapiens serenissimus*** – Consciência quando na vivência integral da condição do serenismo lúcido. Sinônimo de emprego popular: *Serenão*.

**Incompléxis** *(in + comple + exis)* – Condição existencial da proéxis incompleta da consciência humana.

**Instituição conscienciocêntrica** – Aquela que centraliza seus objetivos na consciência em si, e em sua evolução, ao modo do *Instituto*

*Internacional de Projeciologia e Conscienciologia* (IIPC); cooperativa consciencial, dentro da Socin Conscienciológica, com base nos vínculos empregatício e consciencial.

**Interfusão holossomática** – Estado das assins máximas entre 2 consciências.

**Intermissão** – Período extrafísico da consciência entre 2 dos seus renascimentos intrafísicos.

**Intermissão pós-somática** – Período extrafísico da consciência imediato à sua desativação somática.

**Intermissão pré-somática** – Período extrafísico da consciência anterior ao seu renascimento intrafísico.

**Intermissibilidade** – Qualidade do período de intermissão de uma consciência.

**Interprisão grupocármica** – Condição da inseparabilidade grupocármica do princípio consciencial evolutivo ou consciência.

**Intraconsciencialidade** – Qualidade das manifestações específicas da intimidade da consciência.

**Intrafisicalidade** – Condição da vida intrafísica, humana, ou da existência da consciência humana.

**Intrapensene** *(intra + pen + sen + ene)* – Pensene *intra*consciencial da consciência humana.

**Intrusão energética** – Invasão de uma consciência em outra através das ECs ou do holochacra.

**Intrusão espermática** – Introdução do esperma de um homem no sexossoma da mulher, durante o ato sexual.

**Intrusão holochacral** – Invasão de uma conscin em outra através do holochacra; intrusão energética.

**Intrusão holossomática** – Invasão de uma consciência em outra através de todo o holossoma.

**Intrusão interconsciencial** – Ação exercida por uma consciência sobre outra.

**Intrusão mnemônica** – Colisão da memória intrusiva de uma consciex assediadora sobre a memória cerebral ou biomememória de uma conscin assediada *(paramnésia).*

**Intrusão pensênica** – Invasão de uma consciência em outra através do mentalsoma.

**Intrusão psicossomática** – Invasão de uma consciência em outra através da emocionalidade, ou pelo psicossoma.

**Intrusão volitiva** – Invasão da vontade de uma consciência em outra através da heterossugestão ou hetero-hipnose.

**Inversor existencial** – Conscin que se dispõe a executar a invéxis na vida intrafísica.

**Invexibilidade** – Qualidade da execução intrafísica da invéxis.

**Invéxis** *(inve + exis)* – Técnica da inversão existencial executada pela consciência humana ou intrafísica.

**Macro-PK destrutiva** – Psicocinesia ou PK *(psychokinesis)* nociva, capaz de acarretar prejuízos à conscin, podendo estes, inclusive, serem fatais ao soma.

**Macrossoma** *(macro + soma)* – Soma fora-de-série ou *supermaceteado* para a execução de uma proéxis específica.

**Mandato pré-intrafísico** – Programação existencial para a vida humana planejada antes do renascimento intrafísico da consciência; proéxis.

**Materpensene** *(mater + pen + sen + ene)* – Ideia-mãe ou a matriz de todo um desenvolvimento de tese, teoria ou ensaio, o *leit-motif,* o pilar mestre ou o pensene predominante em um holopensene.

**Maturidade integrada** – Estado da maturidade consciencial mais evoluída, além da maturidade biológica ou física, e da maturidade mental ou psicológica; holomaturidade.

**Maxifraternidade** – Condição interconsciencial, universalista, mais evoluída, fundamentada na fraternidade pura da consciência autoimperdoadora e heteroperdoadora, meta inevitável na evolução de todas as consciências. Sinônimo: Megafraternidade.

**Maximoréxis** *(maxi + mor + exis)* – Condição da moréxis existencial – a maior – ou quando vem para a conscin *completista,* na qualidade de acréscimo ou adendo (base superavitária), quanto ao compléxis da sua proéxis; portanto, a execução de um *extra sadio* de um mandato existencial concluído.

**Maxipensene** *(maxi + pen + sen + ene)* – O pensene peculiar às CLs ou Consciências Livres.

**Maxiprimener** *(maxi + prim + ener)* – Condição da primavera energética máxima ou prolongada.

**Maxiproéxis** *(maxi + pro + exis)* – Programação existencial máxima, *por atacado,* ou visando à execução de tarefa na vivência do universalismo e da maxifraternidade, com bases policármicas.

**Megameta** – O objetivo maior da autoevolução para a consciência.

**Megapensene** *(mega + pen + sen + ene)* – O mesmo que ortopensene.

**Megapoder** – A condição evoluída de lucidez magna, cosmoética, da consciência.

**Megatrafar** *(mega + tra + far)* – O traf*a*r máximo da consciência.

**Megatrafor** *(mega + tra + for)* – O traf*o*r máximo da consciência.

**Melex** (*mel* + *ex*) – Condição da melancolia extrafísica, pós somática ou *post-mortem*; paramelancolia.

**Melin** (*mel* + *in*) – Condição da melancolia intrafísica ou *pré-mortem*.

**Mentalsoma** *(mental + soma)* – Corpo mental; o *paracorpo* do discernimento da consciência. Plural: *mentaissomas*.

**Metassoma** *(meta + soma)* – O mesmo que psicossoma, instrumento extrafísico de consciexes e conscins.

**Microuniverso consciencial** – A consciência considerada de per si, como um todo, englobando todos os seus atributos, pensenes e manifestações no desenvolvimento da sua evolução. O microcosmo da consciência em relação ao macrocosmo do Universo.

**Mimese cosmoética** – Impulso social produtivo de imitação dos antepassados evoluídos da conscin.

**Minimoréxis** *(mini + mor + exis)* – Condição da moratória existencial – a menor – ou quando vem para a conscin *incompletista* ressarcir o seu *deficit holocármico* (base deficitária) ou concluir a condição do compléxis quanto à sua proéxis; portanto, o acabamento de um mandato existencial ainda inconcluso.

**Minipensene** *(mini + pen + sen + ene)* – O pensene específico da criança, às vezes em função do cérebro ainda em desenvolvimento.

**Miniprimener** *(mini + prim + ener)* – Condição da primavera energética mínima ou efêmera.

**Miniproéxis** *(mini + pro + exis)* – Programação existencial mínima, *a varejo*, ou objetivando a execução de uma tarefa mínima, ainda grupocármica.

**Mnemossoma** (*mnemo + soma*) – O soma considerado especificamente quanto à memória da consciência, em todas as suas formas.

**Monitoria extrafísica** – Condição da assistência de consciexes sadias em favor da conscin equilibrada, quando esta desempenha tarefa da consolação ou do esclarecimento, também equilibrada.

**Monodotação consciencial** – Vida intrafísica sob a pressão de assédios constantes de seres doentios experienciada pela conscin medíocre, de poucos talentos, sem versatilidade.

**Monopensene** *(mono + pen + sen + ene)* – O pensene repetitivo; o monoideísmo; a ideia fixa; o eco mental; *re*pensene.

**Monotanatose** – O mesmo que *dessoma; primeira morte.*

**Moréxis** (*mor + exis*) – Condição da moratória existencial, ou um complemento de vida intrafísica, facultado a determinadas conscins, conforme o seu mérito holocármico. A moréxis pode apresentar uma base deficitária – a menor – minimoréxis; ou superavitária – a maior – maximoréxis, quanto aos resultados da proéxis.

**Morfopensene** *(morfo + pen + sen + ene)* – O pensamento ou um conjunto de pensamentos quando reunidos e se expressando, de algum modo, como uma *forma.* Expressão arcaica, agora em desuso: *forma-pensamento.* A acumulação de morfopensenes compõe o holopensene.

**Multicompléxis** *(multi + compl + exis)* – Multicompletismo existencial ou o compléxis obtido através da execução de várias programações existenciais (proéxis) em diversas vidas intrafísicas consecutivas.

**Neofilia** – Adaptação fácil da conscin às situações, coisas e acontecimentos novos. Oposto de neofobia.

**Neopensene** *(neo + pen + sen + ene)* – O pensene da conscin, quando se manifesta através de novas sinapses ou conexões interneuroniais, capaz de criar a recin ou a reciclagem *intra*consciencial; a *unidade de medida* da renovação consciencial, segundo a Conscienciologia, ou, mais apropriadamente, a Conscienciometria.

**Ofiex** *(ofi + ex)* – Oficina extrafísica do epicon intrafísico (praticante da tenepes). Os recursos e *instalações* extrafísicas da ofiex são múltiplos e surpreendentes. Um holopensene domiciliar.

**Oniropensene** *(oniro + pen + sen + ene)* – O mesmo que patopensene.

**Orientador Evolutivo** – Consciência coadjutora da coordenação inteligente da proéxis, ou da evolução consciencial de uma ou mais consciências, do mesmo grupocarma. Condição evolutiva entre o ser desperto e o Serenão. O mesmo que *evoluciólogo.*

**Ortopensene** *(orto + pen + sen + ene)* – O pensene *reto* ou cosmoético, próprio da holomaturidade consciencial; a *unidade de medida* da cosmoética prática, segundo a Conscienciometria.

**Pangrafia** – Escrita parapsíquica multímoda, abrangente e sofisticada.

***Para*** – Prefixo que significa *além de, ao lado de*, como em *paracérebro*. Significa, também, *extrafísico.*

**Paracérebro** – Cérebro extrafísico do psicossoma da consciência nos estados extrafísico (consciex), intrafísico (conscin) e projetado, quando através do psicossoma.

**Paracomatose consciencial** – Estado de coma extrafísico da conscin, quando projetada, que permanece invariavelmente inconsciente e, portanto, sem rememorações extrafísicas.

**Paradigma consciencial** – Teoria-líder da Conscienciologia fundamentada na própria consciência.

**Parafisiologia** – Fisiologia dos veículos de manifestação da consciência, excluído o corpo humano ou soma. É uma especialidade da Conscienciologia.

**Paragenética** – A genética adstrita às heranças da consciência, através do psicossoma, da vida anterior ao embrião humano. É uma especialidade da Conscienciologia.

**Para-homem** – Consciex com visual de homem ou conscin homem projetada. Expressão sinônima, desgastada e envilecida pelo uso: *entidade espiritual masculina.*

**Paramulher** – Consciex com visual de mulher ou conscin mulher projetada. Expressão sinônima, desgastada e envilecida pelo uso: *entidade espiritual feminina.*

**Parapatologia** – Patologia dos veículos de manifestação da consciência, excluído o corpo humano ou soma. É uma especialidade da Conscienciologia.

**Parapensene** *(para + pen + sen + ene)* – O pensene específico da consciex ou consciência extrafísica.

***Passes para o escuro*** – Expressão popular para significar a transmissão técnica, diária, de energias conscienciais, ou ECs, por uma conscin, diretamente a consciexes, conscins projetadas, ou no estado da vigília física ordinária, com assistência permanente de amparadores. Expressão técnica: *tenepes (t*arefa *ene*rgética *pes*soal).

**Patopensene** *(pato + pen + sen + ene)* – O pensene patológico ou da amência consciencial; o *pecadilho mental;* a vontade patológica; a intenção doentia; a *ruminação cerebral.*

**Pensen** *(pen + sen)* – Pensamento e sentimento.

**Pensene** (*pen + sen + ene)* – Unidade de manifestação prática da consciência, segundo a Conscienciologia, que considera o pensamento ou ideia (concepção), o sentimento ou a emoção, e a EC (energia consciencial) em conjunto, de modo indissociável.

**Pensenedor** – Instrumento pelo qual a consciência manifesta os seus pensamentos e atos. No caso específico da conscin, o pensenedor fundamental é o soma.

**Pensenidade** – Qualidade da consciência pensênica de alguém.

**Podossoma** *(podo + soma)* – O soma considerado especificamente quanto à aplicação dos pés ou o trabalho com os pés, por exemplo, o do jogador de futebol.

**Policarma** *(poli + carma)* – Princípio de causa e efeito, atuante na evolução da consciência, quando centrado no senso e vivência da maxifraternidade cósmica, além do egocarma e do grupocarma.

***Porão consciencial*** – Fase de manifestação infantil e adolescente da conscin, até chegar ao período da adultidade, caracterizada pelo predomínio dos traf*a*res mais primitivos da consciência multiveicular, multiexistencial e multimilenar.

**Pré-casal** – Condição inicial, preliminar ou de tateios, da sexualidade humana prática dentro da Socin.

**Precognição** (Latim: *pre,* antes; *cognoscere,* conhecer) **extrafísica** – Faculdade perceptiva pela qual a consciência, plenamente projetada para fora do corpo humano, fica conhecendo fatos indeterminados vindouros, inclusive objetos, cenas e formas distantes, no tempo futuro.

***Precognitarium*** – Base física preparada tecnicamente para a produção de PCs precognitivas.

***Pré-kundalini*** – Chacra secundário plantar. Há 2 plantochacras no holossoma da conscin. Expressão própria da Conscienciologia.

**Pré-serenão** – Conscin, ou consciex, que ainda não vive o serenismo lúcido.

**Pré-serenão intrafísico alternante** – Conscin capaz de viver consciente, ao mesmo tempo, no estado da vigília física ordinária e projetada, de quando em quando, em dimensões extrafísicas.

**Primener** *(prim + ener)* – Primavera energética; condição pessoal, mais ou menos duradoura, de apogeu das ECs sadias e construtivas.

**Primener a dois** – Primavera energética da dupla evolutiva, cujos parceiros se amam de fato e dominam as aplicações das ECs sadias, com inteira lucidez, construindo as suas proéxis através de gestações conscienciais.

**Primopensene** *(primo + pen + sen + ene)* – O mesmo que *causa primária do Universo;* o primeiro pensamento que foi composto. Este vocábulo não tem plural.

**Princípios pessoais** – Conjunto de valores e iniciativas norteadores da vida consciencial, escolhido pela consciência, a partir da holomaturidade, multidimensionalidade e cosmoética vivida.

**Proéxis** (*pro + exis)* – Programação existencial específica de cada conscin em sua existência intrafísica.

**Proéxis avançada** – Programação existencial da conscin, líder evolutiva, dentro de uma tarefa libertária específica do grupocarma, mais universalista e policármica, onde é *mini*peça lúcida e atuante dentro do *maxi*mecanismo da equipe multidimensional.

**Projeção consciente** (PC) – Projeção da conscin para além do soma; experiência extracorpórea.

**Projeção consciente assistida** – Aquela pela qual a conscin vê-se assistida durante o experimento, de modo direto, por um amparador, quase sempre perito em projetabilidade lúcida (PL).

**Projeção semiconsciente** (PSC) – Experiência onírica em que a conscin projetada se reconhece lúcida em parte, de modo desordenado. Não é uma projeção consciencial ideal; sonho lúcido.

**Projeciocrítica** – Crítica projeciológica. É uma especialidade da Conscienciologia.

**Projeciografia** – Estudo técnico dos registros projeciológicos. É uma especialidade da Conscienciologia.

**Projeciologia** (Latim: *projectio,* projeção; grego: *logos,* tratado) – Ciência que estuda as projeções da consciência e seus efeitos, inclusive as projeções das ECs para fora do holossoma. É uma especialidade da Conscienciologia.

**Projecioterapia** – Ciência das profilaxias e terapias derivadas das pesquisas e técnicas da Projeciologia.

**Projetabilidade lúcida** (PL) – Qualidade parafisiológica, projetiva, lúcida, da consciência, capaz de descoincidir-se ou tirar os seus veículos de manifestação da condição de alinhamento do holossoma, inclusive através da impulsão da própria vontade.

***Projetarium*** – Base física preparada tecnicamente para a produção das PCs.

**Protopensene** *(proto + pen + sen + ene)* – O pensene mais rudimentar; o mesmo que fitopensene ou hipopensene.

**Psicossoma** (Grego: *psyckhé,* alma; *soma,* corpo) – Paracorpo emocional da consciência; o *corpo objetivo* da conscin.

**Quirossoma** *(quiro + soma)* – O soma considerado especificamente quanto à aplicação das mãos ou o trabalho manual.

**Recesso projetivo** – Fase existencial da conscin caracterizada pela cessação espontânea – temporária quase sempre – das experiências projetivas lúcidas, dentro de uma sequência de experimentos intensivos.

**Recexibilidade** – Qualidade da execução intrafísica da recéxis.

**Recéxis** *(rec + exis)* – Técnica da reciclagem existencial executada pela consciência humana.

**Reciclante existencial** – Conscin que se dispõe a executar a recéxis.

**Recin** *(reci + in)* – A reciclagem intrafísica, existencial, *intra*consciencial ou a renovação cerebral da conscin através da criação de novas sinapses ou conexões interneuroniais capazes de permitir o ajuste da proéxis, a execução da recéxis, a invéxis, a aquisição de ideias novas, os neopensenes, os hiperpensenes e outras conquistas neofílicas da consciência humana automotivada.

**Repensene** *(re + pen + sen + ene)* – O pensene repetido. O mesmo que *mono*pensene, ideia fixa ou monoideísmo.

**Repercussões parapsicofísicas** – Reações entre 2 veículos de manifestação consciencial, durante o ato de entrarem em contato entre si, tanto entre veículos diferentes de 1 consciência, ou entre veículos semelhantes de 2 ou mais consciências. Tais repercussões podem ser intrafísicas e extrafísicas.

**Retrocognição** (Latim: *retro,* atrás; *cognoscere,* conhecer) – Faculdade perceptiva pela qual a conscin fica conhecendo fatos, cenas, formas, objetos, sucessos e vivências pertencentes ao tempo passado distante, comumente relacionados com a sua holomemória.

***Retrocognitarium*** – Base física preparada tecnicamente para a produção de projeções conscientes (PCs) retrocognitivas.

**Retropensene** *(retro + pen + sen + ene)* – O pensene específico das autorretrocognições; o mesmo que o *engrama* da Mnemotécnica; a *unidade de medida* das retrocognições, segundo a Conscienciometria.

**Robéxis** *(rob + exis)* – Robotização existencial; condição da conscin troposférica, excessivamente escravizada à intrafisicalidade ou quadridimensionalidade.

**Romance extrafísico** – Conjunto dos atos pelos quais a conscin namora ou mantém um caso afetivo sadio ou positivo, estando projetada fora do soma.

**Sedução holochacral** – Ação energética, com intenção dominadora mais ou menos consciente, de uma consciência sobre outra(s).

**Sene** *(sen + ene)* – Sentimento e energia consciencial.

**Serenão** – Nome popular do *Homo sapiens serenissimus.*

**Serialidade** – Qualidade da consciência sujeita à seriéxis.

**Seriéxis** *(seri + exis)* – Seriação existencial evolutiva da consciência; existências sucessivas; renascimentos intrafísicos em série.

**Sexochacra** *(sexo + chacra)* – O chacra radical ou sexual básico da consciência humana. Expressão antiga relativa à EC deste chacra: *kundalini (o fogo serpentino).*

**Sexopensene** *(sexo + pen + sen + ene)* – A fantasia sexual; a *unidade de medida* do adultério mental, segundo a Conscienciometria.

**Sexossoma** (*sexo + soma*) – O soma considerado especificamente quanto ao seu sexo.

**Sexossoma feminino afrodisíaco** – O soma da mulher, considerado especificamente quanto ao sexo, quando em condições plásticas capazes de atuar como afrodisíaco. Veja *Ginossoma.*

**Sexossomática** – Estudo específico do soma quanto ao seu sexo, ou sexossoma, e suas relações com a conscin, seja o homem ou a mulher. É uma especialidade da Conscienciologia.

**Sinalética parapsíquica** – Existência, identificação e emprego autoconsciente dos sinais energéticos, anímicos, parapsíquicos e personalíssimos, ou que toda conscin possui.

**Sociex** *(soci + ex)* – Sociedade Extrafísica ou das consciexes. Plural: Sociexes.

**Socin** *(soci + in)* – Sociedade Intrafísica ou das conscins; Sociedade Humana. Plural: Socins.

**Soltura do holochacra** – Condição de liberdade relativa de atuação do paracorpo energético da conscin, em relação ao psicossoma e ao soma.

**Soma** – Corpo humano; o corpo do indivíduo do reino *Animal,* filo *Cordata,* classe *Mamíferos,* ordem *Primatas,* família *Hominídia,* gênero *Homo,* espécie *Homo sapiens,* o mais elevado nível de animal sobre este Planeta; apesar do exposto, o veículo mais rústico do holossoma da consciência humana.

**Sonho** – Estado consciencial natural intermediário entre o estado da vigília física ordinária e o sono natural, caracterizado por um conjunto de ideias e imagens que se apresentam à consciência. O sonho aflitivo que tem como efeitos a agitação, a angústia e a opressão durante o seu desenvolvimento, recebe os nomes de: *pesadelo; terror noturno; alucinação pesadelar.*

**Sono** – Estado natural de repouso no homem e nos animais superiores que se caracteriza especialmente pela supressão normal e periódica da atividade perceptiva, da motricidade voluntária, e da vida de relação, pelo relaxamento dos sentidos e dos músculos, pela diminuição das frequências circulatória e respiratória, e ainda pela atividade onírica; durante o qual o organismo recupera-se da fadiga.

***Subcérebro abdominal*** – O umbilicochacra (centro de energia consciencial acima do umbigo), quando escolhido inconscientemente pela conscin, ainda de evolução medíocre, para sede de suas manifestações. O cérebro abdominal, *pseudo*cérebro abdominal, ou *sub*cérebro abdominal é a *eminência parda* do cérebro natural, encefálico (coronochacra e frontochacra); um embaraço indefensável na autoevolução consciente.

**Subpensene** *(sub + pen + sen + ene)* – O pensene carregado pelas energias conscienciais adstritas ao *sub*cérebro abdominal, notadamente do umbilicochacra; a *unidade de medida* do subcérebro abdominal, segundo a Conscienciometria.

**Tacon** *(ta + con)* – Tarefa da consolação, assistencial, pessoal ou grupal, primária.

**Taquipensene** *(taqui + pen + sen + ene)* – O pensene de fluxo rápido, próprio da conscin taquipsíquica.

**Tares** (*tar + es*) – Tarefa do esclarecimento, assistencial, pessoal ou grupal, avançada. Plural: tarefas do esclarecimento.

**Teática** (*te + ática)* – Vivência conjunta da teoria e da prática por parte da conscin ou da consciex.

**Telepensene** *(tele + pen + sen + ene)* – O mesmo que homopensene.

**Tenepes** (*t + ene + pes)* – Tarefa energética pessoal, diária, multidimensional, com assistência permanente de amparadores, a longo prazo ou para o restante da vida intrafísica. Expressão popular: *passes para o escuro.*

**Trafar** (*tra + far)* – Traço-fardo da personalidade da conscin; componente negativo da estrutura do microuniverso consciencial que a consciência ainda não consegue alijar de si ou desvencilhar-se até o momento.

**Trafor** (*tra + for*) – Traço-força da personalidade da conscin; componente positivo da estrutura do microuniverso consciencial que impulsiona a evolução da consciência.

**Tridotação consciencial** – Qualidade dos 3 talentos conjugados mais úteis ao conscienciólogo: a intelectualidade, o parapsiquismo e a comunicabilidade; tridotalidade consciencial.

**Tritanatose** – Desativação e descarte do psicossoma com a entrada da consciência do *Homo sapiens serenissimus* na condição de Consciência Livre (CL); *terceira dessoma.*

**Umbilicochacra** (*umbilico + chacra*) – O chacra umbilical (acima do umbigo) ou relativo à fisiologia e parafisiologia (abdominais) da consciência humana.

**Universalismo** – Conjunto de ideias derivadas da universalidade das leis básicas da Natureza e do Universo e que, através da evolução natural da consciência, torna-se inevitavelmente, a sua filosofia dominante; cosmismo.

**Varejismo consciencial** – Sistema primário de comportamento individual caracterizado pela ação através de atos conscienciais menores, isolados e de mínimo resultado produtivo ou efeito evolutivo magno.

**Veículo da consciência** – Instrumento ou corpo pelo qual a consciência se manifesta na intrafisicalidade (conscin) e nas dimensões extrafísicas (conscin projetada e consciex).

**Verbação** (*verb + ação*) – Interação prática do verbo e da ação no comportamento coerente da consciência; resultado da palavra ratificada pelo exemplo através dos testemunhos vividos pela conscin.

**Vínculo consciencial** – Ligação cosmoética, autolúcida, voluntária e policármica, entre o colaborador e uma instituição. O vínculo consciencial se situa além do vínculo empregatício.

**Vírus da Socin** – Qualquer traf*a*r social na vida intrafísica da consciência humana.

**Vivência pessoal (VP)** – Experimentação prática, pessoal, direta, intransferível, da conscin em seu caminho evolutivo.

**Xenofrenia** (Grego: *xenos,* estranho; *phrem,* mente) – Estado da consciência humana, fora do padrão normal da vigília física ordinária, induzido por agentes físicos, fisiológicos, psicológicos, farmacológicos ou parapsíquicos.

**Xenopensene** *(xeno + pen + sen + ene)* – O pensene intrusivo do assediador nas ocorrências de intrusão pensênica ou assedialidade; a *cunha mental;* a *unidade de medida* do assédio interconsciencial, segundo a Conscienciometria.

**Zoopensene** *(zoo + pen + sen + ene)* – O pensene do animal subumano, sem autoconsciencialidade; a *unidade de medida* do princípio consciencial do animal subumano, segundo a Conscienciometria.

# ÍNDICE REMISSIVO

## A

## E

## G



## H

J



K



L



M

## N



## O

## P

## Q



## R

# T

## U



## V



## W



## X



## Y



## Z

# INSTITUIÇÕES CONSCIENCIOCÊNTRICAS (ICS)

**ICs.** As Instituições Conscienciocêntricas – ICs – são organizações cujos objetivos, metodologias de trabalho e modelos organizacionais estão fundamentados no *Paradigma Consciencial.* Sua atividade principal é apoiar a evolução das consciências através da *tarefa do esclarecimento* pautada pelas *verdades relativas de ponta,* encontradas nas pesquisas no campo da ciência Conscienciologia e suas especialidades.

**Voluntariado.** Todas as Instituições Conscienciocêntricas são associações independentes, de caráter privado, sem fins de lucro e mantidas predominantemente pelo trabalho voluntário de professores, pesquisadores, administradores e profissionais de diversas áreas.

**CCCI.** O conjunto das Instituições Conscienciocêntricas e dos voluntários da Conscienciologia no planeta compõem a *Comunidade Conscienciológica Cosmoética Internacional* – CCCI – formada atualmente por 17 ICs, incluindo a *União das Instituições Conscienciocêntricas Internacionais* – UNICIN.

**AIEC – Associação Internacional para Expansão da Conscienciologia**
**Fundação:** 22/04/2005
**Sede:** Av. Felipe Wandscheer, 5.100, sala 111,
Cognópolis – 85856-530 – Foz do Iguaçu, Paraná, Brasil
**Tel.:** (45) 2102-1411
*Site:* www.aiecworld.org
**Contato:** aiec@aiecworld.org

**APEX – Associação Internacional da Programação Existencial**
**Fundação:** 20/02/2007
**Sede:** Rua da Cosmoética, 1.511, Cognópolis
Caixa Postal 921, Centro, CEP 85851-000, Foz do Iguaçu,
Paraná, Brasil
**Tel.:** (45) 3525-2652 – Fax: (45) 3525-5511
*Site:* www.apexinternacional.org
**Contato:** contato@apexinternacional.org

**ARACÊ – Associação Internacional para Evolução da Consciência**

**Fundação:** 14/04/2001
**Sede:** Rua Goiás, 28, Vila da Mata, CEP: 29375-000,
Caixa Postal 16, Venda Nova do Imigrante, Espírito Santo, Brasil
**Representação:** Av. Felipe Wandscheer, 5.100, sala 102, Cognópolis
CEP 85856-530 – Foz do Iguaçu, Paraná, Brasil
**Tel.:** (45) 2102-1410
**VOIP:** (11) 3522-9190
*Site:* www.arace.com.br
**Contato:** associacao@arace.com.br

**ASSINVÉXIS – Associação Internacional para a Inversão Existencial**
**Fundação:** 22/07/2004
**Sede:** Av. Felipe Wandscheer, 5.100, sala 106, Cognópolis
CEP 85856-530 – Foz do Iguaçu, Paraná, Brasil
**Tel.:** (45) 2102-1406
*Site:* www.assinvexis.org
**Contato:** contato@assinvexis.org

**CEAEC – Associação Internacional do Centro de Altos Estudos da Conscienciologia**
**Fundação:** 15/07/1995
**Sede:** Rua da Cosmoética, 1.511, Cognópolis –
CEP 85853-755, Foz do Iguaçu, Paraná, Brasil
**Tel.:** (45) 3525-2652 – Fax: (45) 3525-5511
*Site:* www.ceaec.org
**Contato:** ceaec@ceaec.org

**COMUNICONS – Associação Internacional de Comunicação Conscienciológica**
**Fundação:** 24/07/2005
**Sede:** Av. Felipe Wandscheer, 5.100, sala 206, Cognópolis
CEP 85856-530 – Foz do Iguaçu, Paraná, Brasil
**Tel.:** (45) 2102-1409
*Site:* www.comunicons.org.br
**Contato:** comunicons@comunicons.org

**CONSCIUS – Associação Internacional de Conscienciometria**

**Fundação:** 24/02/2006
**Sede:** Rua da Cosmoética, 1.511, Cognópolis
Caixa Postal 921, Centro, CEP 85851-000, Foz do Iguaçu, Paraná, Brasil
**Tel.:** (45) 3525-2652 – Fax: (45) 3525-5511
***Site*:** www.conscius.org.br
**Contato:** conscius@conscius.org.br

**DISCERNIMENTUM - Pólo Conscienciocêntrico *Discernimentum***

**Fundação:** 14/10/2007
**Sede:** Av. Felipe Wandscheer, 5.100, sala 201, Cognópolis
CEP 85856-530 – Foz do Iguaçu, Paraná, Brasil
Tel.: (45) 2102-1400
**Contato:** contato@discernimentum.org

**EDITARES – Associação Internacional Editares**

**Fundação:** 23/10/2004
Sede: Av. Felipe Wandscheer, 5.100, sala 107, Cognópolis
CEP 85856-530 – Foz do Iguaçu, Paraná, Brasil
**Tel.:** (45) 2102-1407
**VOIP:** (45) 4053-9538
***Site:*** www.editares.org
**Shopcons:** www.shopcons.com.br (portal de compra de livros)
**Contato:** editares@editares.org

**EVOLUCIN – Associação Internacional de Conscienciologia para Infância**

Fundação: 09/07/2006
**Sede:** R. Barão do Triunfo, 419, sala 302 - 90130-101
Porto Alegre, RS
Representação: Av. Felipe Wandscheer, 5.100, sala 102, Cognópolis
CEP 85856-530 – Foz do Iguaçu, Paraná, Brasil
**Tel.:** (51) 3012-2562
***Site:*** www.evolucin.org
**Contato:** evolucin@gmail.com

**IAC – *International Academy of Consciouness***

**Fundação:** 28/10/2000
**Sede:** *Campus* IAC, EN18, Km 236 – Herdade da Marmeleira
7100-300 Evoramonte, Portugal
**Representação no Brasil:** Av. Felipe Wandscheer, 5.100, sala 204, Cognópolis – 85856-530 – Foz do Iguaçu, Paraná, Brasil
**Tel.:** (45) 2102-1424
***Site:*** www.iacworld.org
**Contato:** A/C de Verónica Serrano – veronica.serrano@iacworld.org
**ou** brasil@iacworld.org

**IIPC – Instituto Internacional de Projeciologia e Conscienciologia**

**Fundação:** 16/01/1988
Sede: Av. Felipe Wandscheer, 5.100, sala 103, Cognópolis
CEP 85856-530 – Foz do Iguaçu, Paraná, Brasil
**Tel.:** (45) 2102-1448
***Site:*** www.iipc.org.br
**Contato:** iipc@iipc.org.br

**INTERCAMPI – Associação Internacional dos *Campi* de Pesquisas da Conscienciologia**

**Fundação:** 23/07/2005
**Sede:** Av. Antonio Basílio, 3006, sala 602, Lagoa Nova, Natal / RN
**Representação:** Av. Felipe Wandscheer, 5.100, sala 102, Cognópolis
CEP 85856-530 – Foz do Iguaçu, Paraná, Brasil
**Tel.:** (84) 3211-3126
***Site:*** www.intercampi.org
**Contato:** A/C de Rute Pinheiro – rutepinheiro@digizap.com.br

**OIC – Organização Internacional de Consciencioterapia**

**Fundação:** 06/09/2003
***Campus:*** Av. Felipe Wandscheer, 5.935, Cognópolis
CEP 85856-530 – Foz do Iguaçu, Paraná, Brasil
**Tel.:** (45) 3025-1404 / 2102-1402
***Site:*** www.oic.org.br
**Contato:** aco@oic.org.br

**REAPRENDENTIA – Associação Internacional de Parapedagogia e Reeducação Consciencial**

**Fundação:** 21/10/2007
**Sede:** Rua da Cosmoética, 1.511, Cognópolis – Caixa Postal 921, Centro, CEP 85851-000, Foz do Iguaçu, Paraná, Brasil
**Tel.:** (45) 3525-2652 – Fax: (45) 3525-5511
*Site:* www.reaprendentia.org
**Contato:** contato@reaprendentia.org.br

**UNICIN – União das Instituições Conscienciocêntricas Internacionais**

**Fundação:** 22/01/2005
Sede: Av. Felipe Wandscheer, 5.100, sala 105, Cognópolis
CEP 85856-530 – Foz do Iguaçu, Paraná, Brasil
**Tel.:** (45) 2102-1405
*Site:* www.unicin.org
**Contato:** unicin@unicin.org

**UNIESCON – União Internacional de Escritores da Conscienciologia**

**Fundação:** 23/11/2008
**Sede:** Av. Felipe Wandscheer, 5.100, sala 109, Cognópolis – Foz do Iguaçu, Paraná, Brasil – CEP 85856-530
*Site:* www.uniescon.org
**Contato:** uniescon@uniescon.org

1. Esta obra aborda temas da
*Parapercepciologia,*
especialidade da *Conscienciologia.*

2. *Princípio da Descrença:*
Não acredite em nada, nem mesmo
no que está informado neste livro.
EXPERIMENTE.
Tenha suas experiências pessoais.

EDITARES

www.ingramcontent.com/pod-product-compliance
Ingram Content Group UK Ltd.
Pitfield, Milton Keynes, MK11 3LW, UK
UKHW040316300826
14791UKWH00003B/921

9 788598 966366